4月末、黄蓮のブナ林を抜けて栂海山荘の除雪に向かう

あちこちで見られる雪庇と崩落した雪面

雪に埋まった栂海山荘を掘り出す(4月末)

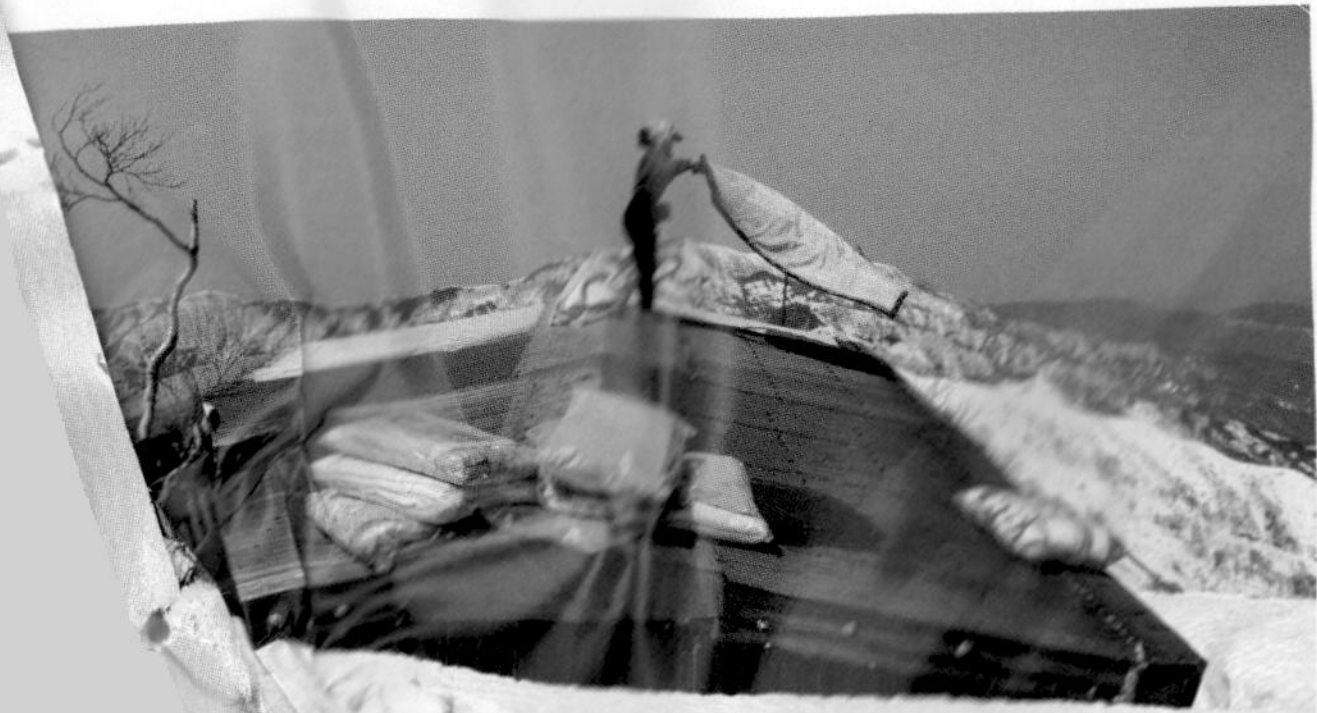

山荘の屋根で毛布干し

雪の下からリュウキンカが顔を出す（黒岩平）

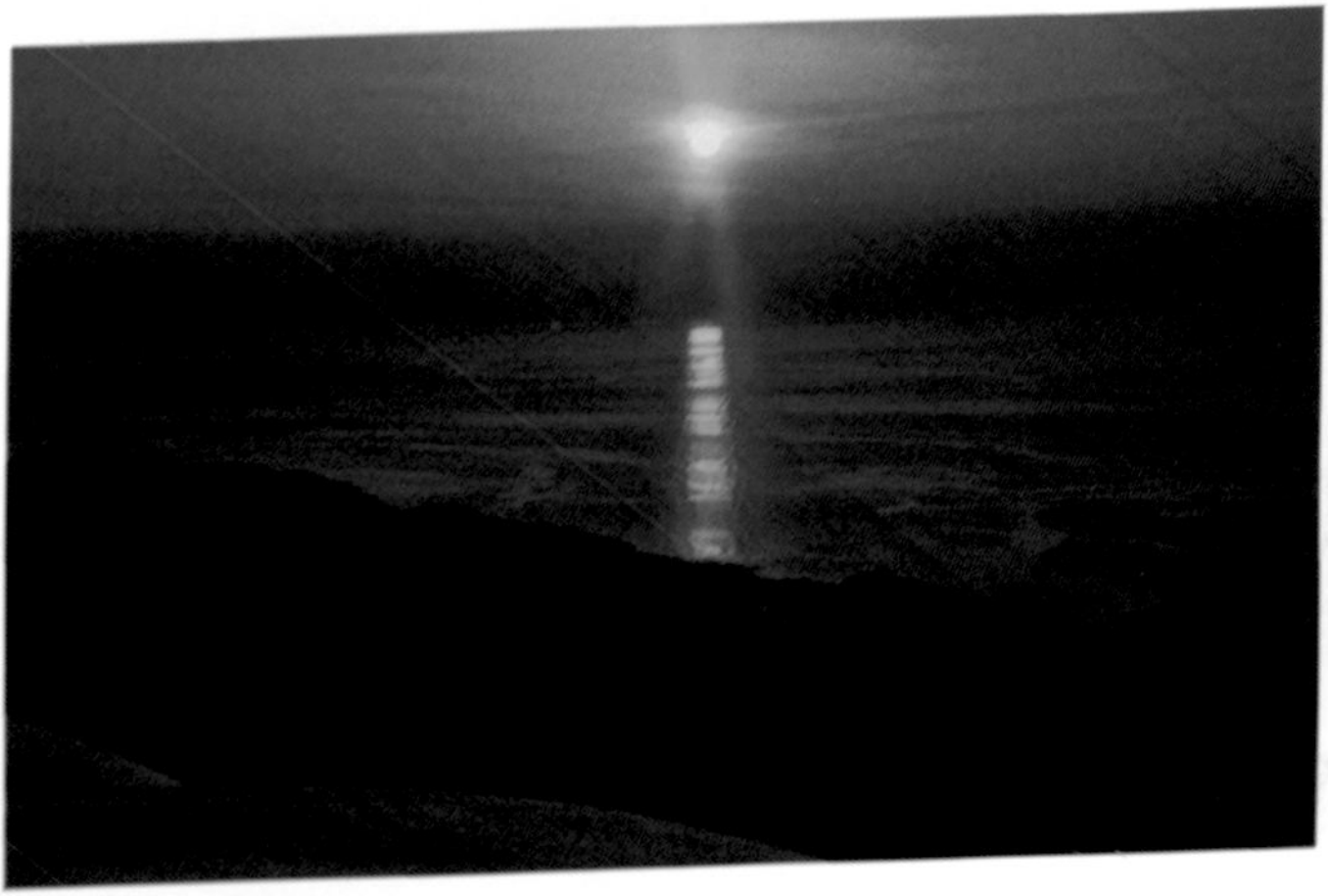

白鳥小屋より望む富山湾の夕映え

ダケカンバとミズバショウ(アヤメ平〜黒岩平)

希少なタテヤマチングルマ(黒岩平)

オオサクラソウ(アヤメ平)

シラネアオイ(犬ヶ岳)

シナノキンバイ(黒岩平)

栂海山荘から雄大な滝雲を望む

藪を刈った後に姿を現したライチョウ

色づき始めた黄蓮のブナの森

草紅葉が広がる黒岩平

白鳥山から遠望する犬ヶ岳、朝日岳

ヤマケイ文庫

アルプスと海をつなぐ栂海新道

夢の縦走路を拓き、守り続ける人々

Ono Ken
小野　健

Yoshida Tomohiko
吉田智彦

Yamakei Library

アルプスと海をつなぐ栂海新道

夢の縦走路を拓き、守り続ける人々

目次

第一部　山族野郎の青春　小野 健

第一章　栂海新道とはどのような道か

第二章　誕生、さわがに山岳会

第三章　登山道、犬ヶ岳へ達す

第二部　それからの栂海新道

小野 健

第三部　栂海新道を守り続ける人々

吉田智彦

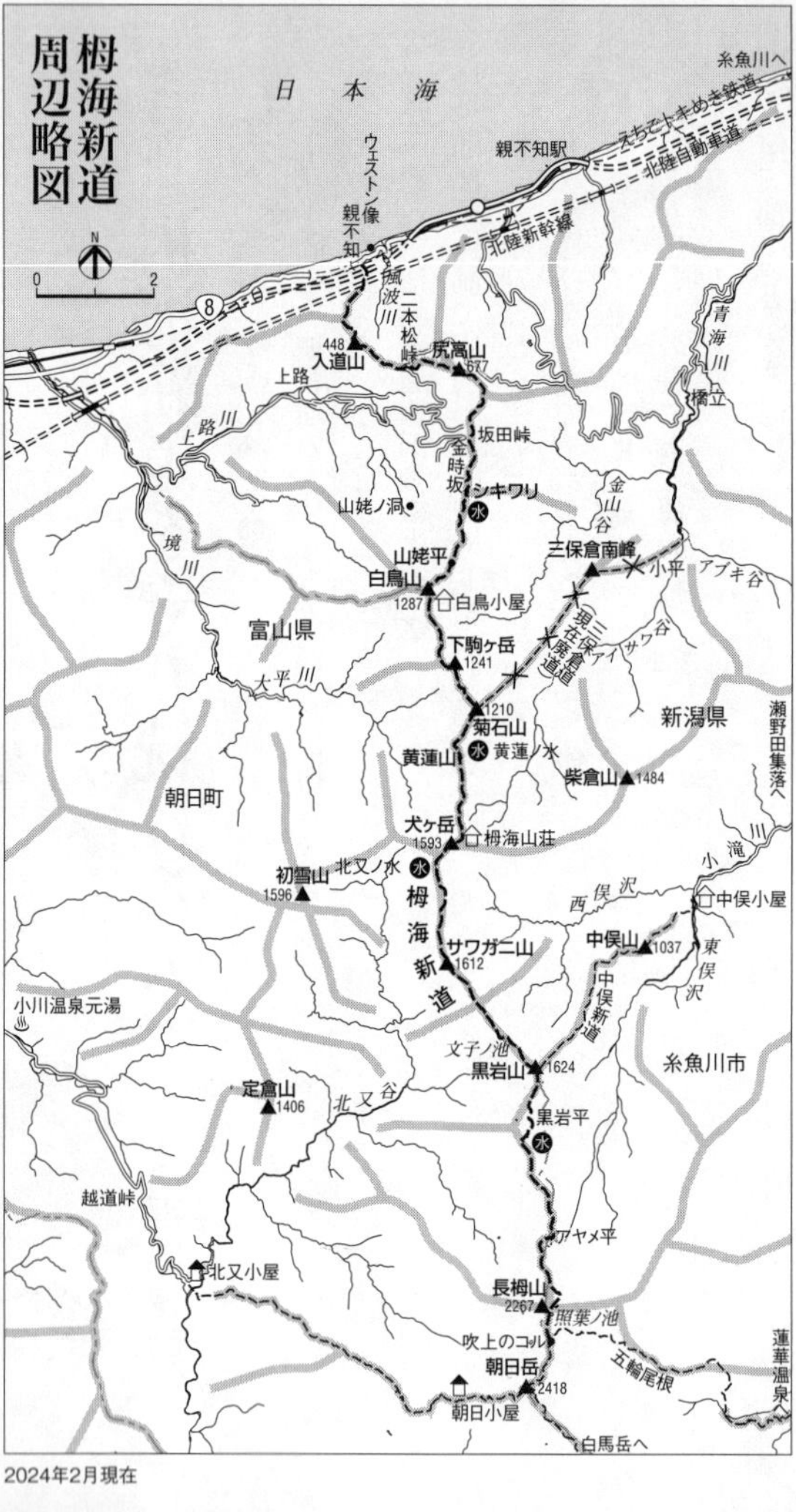
栂海新道周辺略図
日本海
糸魚川へ
えちごトキめき鉄道
北陸自動車道
親不知駅
ウェストン像
親不知
北陸新幹線
8
風波川
二本松峠
448
入道山
尻高山
677
上路
上路川
坂田峠
金時坂
シキワリ
水
山姥ノ洞
境川
金山谷
青海川
橋立
三保倉南峰
小平
アブキ谷
山姥平
白鳥山
1287
白鳥小屋
富山県
（現在廃道）
三保倉道
アイサワ谷
下駒ヶ岳
1241
大平川
1210
菊石山
黄蓮山
黄蓮ノ水
新潟県
瀬野田集落へ
柴倉山
1484
朝日町
犬ヶ岳
1593
栂海山荘
北又ノ水
初雪山
1596
小滝川
西俣沢
中俣小屋
栂海新道
サワガニ山
1612
中俣山
1037
東俣沢
中俣新道
小川温泉元湯
文子ノ池
黒岩山
1624
糸魚川市
定倉山
1406
北又谷
黒岩平
越道峠
アヤメ平
北又小屋
長栂山
2267
照葉ノ池
吹上のコル
五輪尾根
蓮華温泉へ
朝日岳
2418
朝日小屋
白馬岳へ
2024年2月現在

第一部

山族野郎の青春

小野 健

第一章　栂海新道とはどのような道か

親不知から犬ヶ岳へ

親不知《おやしらず》周辺を行き交う旧北陸街道は、また海街道でもあった。さらに加賀藩の参勤交代に通行したことから、加賀街道とも呼ばれてきた。飛騨山脈末端の大岩壁が直接日本海に落ち込んでいるために山腹には道がなく、渚の砂利浜を往き交った。このため、天下の嶮《けん》・親不知道は海が荒れると通行できなくなり、昔から交通の難所であった。

親不知・子不知の名の由来は、寿永の昔、平清盛の弟・平頼盛の夫人が夫を慕って越後に向かう際に、子供が波にさらわれたときに悲しみのあまりに詠んだ歌、

「親知らず　子はこの浦の波まくら　越路の磯の　あわと消えゆく」からこの名で呼ばれるようになったと伝えられている。

一八八三年、岩壁の山腹部を掘削して国道が開通し、道路通行が可能となった。開通記念のモニュメント「如砥如矢《とのごとくやのごとし》」の大文字が、白亜紀～古第三紀の火山灰質親不知火山岩の岩壁に刻まれている。

一八九四年にはウェストンが白馬岳《しろうま》登山の際に親不知を訪れ、当地が日本アルプスの起点であると著書『日本アルプスの登山と探検』に記述している。ウェストンの来訪を記念して、一九八八年には立派な全身像が建てられ、毎年「海のウェストン祭」が行われるようになった。

今は新たに国道八号線がトンネルで抜け、旧道は日本の道百選に指定され、沿道にはホテル親不知がある。交通の難所といわれた親不知も、今日では国道、高速道、JR北陸線がすべてトンネルで抜け、如矢《やのごと》く瞬時に通過できるようになった。

栂海《つがみ》新道登山口は、ホテル前の国道トンネルの東口にあり、ゲート状の案内板が設置されている。海岸部には暖温帯のタブノキ、ウラジロガシ、ヤブツバキの常緑樹が多く、登るに連れ、ヤマザクラ、ホウ、ミズナラの落葉広葉樹帯に変わっていき、ブナも点在するようになる。

二本松峠には二体の地蔵があり上路《あげろ》集落に通じているが、この道は海道不通時のエスケープルートにもなっていた。峠からしばらくいくと、堀割林道がクロスして登山道が寸断されている。分断された箇所は、自家製の赤い鉄骨階段を設置して接続した。尻高山《しりたかやま》（六七七㍍）の二等三角点は、直立する見事なブナ林の中にある。三月ごろには、坂田峠から尻高山辺りのブナ林をスノーシューで散策するのもおもしろい。

坂田峠への道沿いでは、糸魚川《いといがわ》市の市花でもあるササユリに出逢うこともある。二〇〇九年、このササユリの種子がスペースシャトルによって宇宙に打ち上げられ、私の元に戻ってきた。栂海新道の最初の宇宙経験者はこのササユリとなるわけで、出身地には宇宙ササユリ園をつくって、登山者を楽しませようと思っている。

坂田峠は山廻りの旧北陸街道で、南斜面には橋立金山の製錬所跡がある。金山の最盛期には朝日町の泊芸者が人力車で通ったので、芸者街道ともいわれている。尻高山から坂田峠周辺は、白亜紀の手取層と同時代にあたる尻高山礫岩と呼ばれ、坂田峠には地質案内板も立っている。

金時坂の急坂を登りきると、シキワリという場所で水を補給する。沢筋のシキワリには遅くまで雪渓が残り、カタクリ、シラネアオイ、サンカヨウ、バイケイソウ、ジャコウソウなど日陰草花が多い。

緩斜面が続く山姥平《やまんばだいら》は山スキーのゲレンデにもなっている。南東斜面の山腹には橋立金山の元山やヒスイの採石場跡があって、かつては宝の山でもあった。白鳥山に近づくと、ブナ～ミズナラ帯の中に、ウダイカソバ、マンサク、タムシバ、ナナカマド、ムラサキヤシオツツジなどが混在し、落葉広葉樹の林が続き針葉樹はまったく見られない。五月下旬、白鳥山の山開きのころになると純白の花をつけたタムシバ並木となる。林床にはカタクリの大群落やミツバオウレン、イワハゼなども登山道沿いに群落をつくる。

白鳥《しらとり》山は北アルプス最北の一〇〇〇㍍峰で、この山頂には白鳥小屋がある。白鳥小屋は、もともと栂海新道整備作業のための基地として青海《おうみ》町が建ててくれたものだが、厳冬期以外は大勢の登山者に利用され賑わっている。小屋には展望台もあって、日本海から大パノラマが展開し、剱《つるぎ》岳から白山《はくさん》までも一望できる。

頂上の北側では山姥道と合流し、ここはジュラ紀と白亜紀の地層の境界ともなる。

白鳥山山頂は新潟・富山両県の県境となって、そこから栂海新道はほぼ県境稜線に沿って伐開されている。

白鳥山から犬《いぬ》ヶ岳に向かっては大波の登り降りを繰り返しつつ、全コースをジュラ紀来馬《くるま》層群の稜線を歩く。細稜部には厚層な雪庇が張り出し、積雪の少ない西側のみにブナ林が発達して、線引きしたように東側にはまったく存在しない区域がある。下駒《しもこま》ヶ岳は南の犬ヶ岳と対比され、加賀藩奥山見廻り役が国境巡回した際、駒犬区間を鬼門として警戒した。低位は下駒（狛）犬で、高位は上駒犬（現在の白馬岳～唐松《からまつ》岳）といわれた。現在は駒ヶ岳ファンクラブの人たちが頂上に解説板を立てている。

菊石《きくいし》山の北側には来馬層の岩盤露頭があり、ここで最初にアンモナイトの化石を発見したことから、アンモナイトの和名をとって菊石山と名付けた。登山道沿いの泥岩層からは、羊歯植物、球顆類、二枚貝、巻貝、イチョウ、ソテツモドキなどの化石も採取した。

菊石山では、栂海新道開設のため、当初に三保倉《さんぼぐら》尾根に伐開した作業道と合流する。しかし新道が開通すると三保倉道は利用されなくなり、やがて廃道となってしまった。今では合流分岐点すら元のブッシュに還元されてまったく不明になっている。

菊石山から黄蓮の水場まで下ると、富山県の西側に見事なブナの原生林が現れる。林床には全面にオウレンが群生し、一面に黄色の花をつけて春の訪れを告げる。戦前には橋立集落の人たちが、薬草にするためここまで採取にきたという。当地はこのオウレンに因んで、黄蓮のブナとか黄蓮《おうれん》山と呼んでいる。秋には天然ナメコが採取でき、栂海山荘の雪囲いと小屋じまい山行のときは、このナメコのご馳走で盛大に打ち上げを行っている。

黄蓮の水場はブナ林に保水された滲透水が沢筋に集って流れ出し、通年涸れることがない。この一帯はブナが優生でミズナラはまったく見られない。降雪期は厚層な積雪斜面になるので、山荘の除雪山行後、下山のときは恰好のグリセードを楽しめる。黄蓮山の山頂では、目指す赤い屋根の栂海山荘と犬ヶ岳が正面に姿を現わす。

黄蓮山から栂海山荘へは、県境稜線沿いに登降を繰り返しながら登っていく。栂海新道は全般的に稜線を忠実にトレースしており巻き道がない。稜線道は雪解けが早く、雪崩や崩壊の恐れも少ないため、距離は少々長くはなるが安全である。

途中に大きな陥没地があり、八月中は残雪が消えない。栂海山荘の下部には、登山道沿いには見られなかったハクサンシャクナゲが現れ、シラネアオイ、タカネマツムシソウ、カワラノマツバ、ヒナコゴメグサ、シモツケソウ、クサボタンなども顔を出す。

栂海山荘は犬ヶ岳北尾根直下の鞍部にあり、これは栂海新道全行程のちょうど中間に位置することから、縦走者の恰好の宿泊場所となっている。当初は新道伐開のベースとして一九六九年に建設したが、その後登山者の増加に伴って小刻みに増改築を重ね、現在では五室に五十名を収容できるまでに拡大した。山荘からの展望はすばらしく、何といっても日本海に浮ぶ漁火を俯瞰しながら缶ビールを片手に岳友との語らいが最高だ。東側には町が建設した正規のヘリポートがあり、毎年栂海山荘の資材荷揚げに利用している。

ここからわずか七分あまり登ると犬ヶ岳頂上に着く。山頂は、東西に延びる細稜で、南北側から見る山容は台形となり、東西からは犬の牙のように尖って見える。頂上には、ステンレスの鉄板に字型を打ち抜いたさわがに山岳会特製の道標が立っている。

露出した岩盤には、珪質の流紋岩質砂岩と玢《ひん》岩の岩脈が見られる。植生はオオシラビソが高度下限に近く、立木が一㍍足らずの低木になって、キタゴヨウマツが這《はい》松《まつ》になっている。草本はイワオトギリ、コイワカガミ、イワハゼ、コケモモ、トウダイグサ、タカネマツムシソウなどがみられ、数本あったコオニユリは十年ほど前に絶滅してしまった。南にはアスヒカズラの群落とイチイの矮木が確認できる。

犬ヶ岳から朝日岳へ

犬ヶ岳から黒岩《くろいわ》山までは、東面が急傾斜となった非対称細稜が蛇行しつつ連続する。ここでは三月から四月初めにかけて大きな雪庇が新潟県側に張り出し、アルプス芸術の超一級品を創る。シャクナゲの群落がところどころに見られ、立木の背丈が低くなってくる。

サワガニ山の東面には二重山稜が発達し、凹地に雪渓が残るため草場が点在、一六〇〇㍍前後のやや平坦な細稜が連続している。オオシラビソの群生が断続的に繋り、倒木や立枯れも多い。湿地には化物のような大葉のミズバショウが登山道を塞いでいる。道沿いにはマイヅルソウ、イワハゼの密生地があり、ミヤママンネンスギ、タカネヒカゲノカズラなど生きている化石といわれる羊歯植物も確認できる。大量の雪の吹きだまりとなる文子ノ池周辺は、栂海新道下限のチングルマの群落が現れ、ヌマガヤと一線を境にして共生している。

黒岩山の頂上は、来馬層群の基底礫岩で、ここから南部の飛騨外縁帯に属する古生代青海蓮華《れんげ》帯に変わる。地質の境界部は地形の変位点でもあり、犬ヶ岳方面より延々と続いた細稜が、ここから長栂《ながつが》山への広大な緩斜面となる。振り返ると、栂海新道がトレースする飛騨山脈北延主稜が、犬ヶ岳を経て日本海に延びていく。

小滝川の西俣沢、東俣沢の出合いから東尾根に伐開された中俣新道が、黒岩山で栂海新道に合流する。この中俣新道は地元入山山岳会の会員によって開設された登山道で、栂海新道のエスケープ道にも利用されている。

黒岩平に入ると池塘や高層湿原が発達し、コナラ、ミネカエデ、ダケカンバ、キタゴヨウマツが這松状に点在しているが、主にヌマガヤの草原帯になっている。沢水がデルタ状に拡散される湿原は、一大ミズバショウの群落が発達し、ほかにゼンテイカ、ヒオウギアヤメ、ワレモコウ、オニシオガマ、リュウキンカなどが多く、緩斜面をチングルマ、ヌマガヤが覆っている。チングルマの草床には、半日陰を好むトキソウやミヤマリンドウなどが隠れるように花をつけている。雪田を残す黒岩平にはチングルマの群落も多く、まれに紅色に染まったタテヤマチングルマに出逢うことがある。平坦地の雪田には池塘が発達し、傾斜面には雪渓を残して、湿性植物の種類も多い。

黒岩平は手の切れるような冷水が流れ、この水場に環境省がベンチを設けたので、恰好の休憩地点になっている。かって登山道開拓のころにはここにベースキャンプを設営し、いつも缶ビールを冷やして活力剤にしていた。終日の藪刈りに疲れ果ててベースキャンプに戻り、仲間といっせいに乾杯するときの缶ビールは、五臓六腑にしみこむ魔薬の味であった。黒岩平の沢水の流れを見ると、いつも四十数年前を思い出して懐かしい。

斜面には、蛇紋岩の大塊転石や輝緑岩、緑泥岩などアルカリ岩種が多い。アオノツガザクラ、ツガザクラ、ガンコウラン、それにハクサンオオバコとイワイチヨウが地面を覆っている。はんれい岩の巨礫の露出する尾根筋は、積雪も少なく樹林帯となってる。十月中旬になると色づいたミネカエデ、ナナカマドが万葉ノ池に映り、黒岩平一帯に広がる草紅葉と広葉樹の赤と黄のコントラストが見事。人呼んで源氏物語の絵巻であると評した。北アルプスの、岩峰を染めるのとはひと味異なった色調である。

亜高山帯を代表するオオシラビソや這松状のキタゴヨウマツなどは、各所にそれぞれの群落をつくる。ときおりコメツガ、クロベなどの常緑針葉樹も混在している。凹地の雪田植物は高山性で、凸地の樹林は亜高山帯を形成し、ここではその植生が逆転している。通称キヌガサ平には遅い雪解けに合わせてキヌガサソウ、サンカヨウ、そして平地にはコバイケイソウが棲み分けて咲く。栂海新道は草原帯と樹林帯を交互に通過するので、植生の変化も楽しめるのだ。近年、ここには環境省が整備して木道やステップを設置した。

アヤメ平に入ると一大草原が広がり、ヌマガヤの間にキンコウカ、ヨツバシオガマ、エゾシオガマ、ハクサンシャジンなどがみられる。湿原斜面には、ヒオウギアヤメの一大群落があり、登山道はこの一角を避けて通っている。蛇紋岩の転石の間には、オオサクラソウ、オオレイジンソウ、ベニバナイチゴにキヌガサソウも混在する。アヤメ平の南端部は蛇紋岩斜面で、狭い範囲にハクサンコザクラ、クルマユリ、クロトウヒレン、イゾシオガマ、ヒナコゴメグサ、ウサギギク、ミヤマアズマギク、シロウマアサツキが斜面を埋め、流れに沿ってミヤマアケボノソウが咲花期のアンカーとなる。登山者が花に見とれて思わず足を止め、歓声を上げる桃源郷だ。高山の草花がこの一角を展示場にしている感もある。八月中旬までは上部に雪渓を残しているので、下りは要注意だ。

お花畑が終わるとシラビソやダケカンバの樹林帯に入り、再び草原に出るとすぐ長栂山の山頂部に出る。山頂部にはさわがに山岳会特製の標識が三十年近く損傷せずに立っており、名物看板になっている。蛇紋岩やはんれい岩の岩屑《がんせつ》風衝帯には、強い風のため厳冬期もほとんど雪をつけない。長栂《ながつが》山屑原はむき出しになっていて、わずかに乾性植物が点在するのみだ。風衝帯にはタカネツメクサ、タカネミミナグサ、ミヤマムラサキ、タカネスミレ、ミヤマウイキョウなど蛇紋岩植生が多い。

長栂山は東側の高台を山頂にしているが、三角点は北尾根の下部にある。長栂山は広い平坦地形なので、ガスや吹雪のときは迷いやすい。積雪期は、アヤメ平も黒岩平も地形の変化を確認し難いので、視界が悪いときは要注意だ。山頂部を吹き抜けた雪は、東斜面に吹きだまって大きな雪渓となり、これが万年雪として残る。這松は二二〇〇㍍付近に現れ、北アルプスでは最も低位の分布となる。

吹上のコルまで栂海新道が開通した夜は、頂上南部の池塘付近にキャンプして、藪刈りの苦労話を肴に一晩中飲みあかした。兵《つわもの》どもが夢の跡でもある。這松帯の西側にはタカネバラ、シロウマシュロソウ、イワオオギ、チシマギキョウ、コケモモ、ユキワリコザクラなど乾性の植物が多くみられる。

再びオオシラビソのトンネルを抜けると展望が一変、後立山《うしろたてやま》連峰大蓮華《おおれんげ》山群連の朝日《あさひ》岳から雪倉《ゆきくら》岳・白馬岳を経て、新潟県最高峰小蓮華山から乗鞍《のりくら》岳への東尾根が眼前に広がる。西に方向を変えて、樹林帯と草原帯の隣接部を朝日岳に向かう。年によっては、このあたりにゼンテイカの一大お花畑が現れることがある。

南東側に滑り落ちてできた二重山稜の凹地にある照葉ノ池は、夏遅くまで残雪を浮かべて池の周りに草原をつくり、チングルマ、コメススキ、コガネギクを育んでいる。照葉ノ池の入り口には、環境省の導標とさわがに山岳会のキャンプ禁止の標識が並んでいる。

朝日岳への最後の草原帯は、雪解けや降雨時には深い水たまりとなって登山道を隠してしまう。このため、木道も嵩上げして水没しない構造になっている。まもな

コバイケイソウと照葉ノ池

くこの草原にも、新しく池塘ができて植生も変わっていくのだろう。自然は毎年同じようでも、絶えず変化しているのだ。

　蓮華温泉からの在来道と栂海新道が合流するところが吹上のコルである。ここには片岩や千枚岩の巨礫が点在する。入口の大きな岩礫の壁には赤ペンキで「日本海」「栂海」の案内がある。日本アルプスに標識は数多くあるが、海を指示した案内はここだけだろう。吹上のコルには、北限・下限でもあるウルップソウの群落がある。ウルップソウの分布は少なく、八《やつ》ヶ岳、白馬岳ぐらいだが、朝日岳北面には数ヶ所に限定して分布する。這松の枝下には小さなリンネソウがあり、コルに設置された大きな案内看板付近には、小さく可愛いユキワリコザクラがこっそりと点在している。コルは北西の季節風の通り道で、ほとんど雪がつかないため、ウルップソウの開花も七月上旬と早く、夏山シーズンにはすでに終わっている。

　一九七一年、この吹上のコルで、花火を打ち上げながら愛用の鉈で開通式のテープカットをした。八月上旬の炎天下、海抜二九三二㍍の白馬岳より〇㍍への縦走を目指して、栂海新道の起点・吹上のコルに祭壇を設け、会員や全国各地から参加した会友とともに、玉串を奉天してシャンパンで開通を祝った。あのときの仲間もすでに拡散して会うことも少なくなり、なかには鬼籍に入った者もいて寂しい限りである。

コルを過ぎると蓮華温泉からの登山者が合流して賑やかになる。栂海新道の縦走者の九割は日本海を目指す人たちだ。まれに、親不知から槍穂高《やりほたか》連峰に向かう者や、日本アルプス横断縦走者に出逢うこともある。栂海新道の開設が日本列島山岳横断縦走を可能とし、ひとつの登山形式を実現した。

コルから朝日岳への登りは一大蛇紋岩斜面となり、長栂山山頂とほぼ同じ植生になっている。まったく植生をつけない箇所もあるが、道沿いには蛇紋岩植物が点在している。北東斜面の積雪の少ない強風域にウルップソウがあり、蛇紋岩のガレ場に多いのがミヤマムラサキだ。南東面にはイワシモツケ、ミヤマアズマギク、タカネバラ、チシマギキョウ、ハクサンシャジンが多い。この斜面は、積雪期に視界が悪いとコルの確認ができず、直接白高地沢に下りてしまうことがある。蓮華道の八兵衛平や花園三角点のあたりは木道が入り、よく整備されている。

旧朝日小屋石室跡付近は、屋根に使用した岩盤に這松がつき、道沿いにシナノキンバイ、ハクサンフウロ、運がよいとコバイケイソウの一大お花畑に出逢うこともある。蛇紋岩の露頭が目立つようになると、ハクサンイチゲが一面に繁り、間をチングルマが覆っている。朝日岳南東斜面には雪が吹きだまり、新雪がくる前に蒼氷となって残る。しかし近年は暖冬少雪により、万年雪が消えて底面を露出することがある。一九六六年、JACによる県境踏査時に朝日岳頂上に記念プレートを立てたが、これが十数年経て山頂の草むらから発見されたときは懐しかった。

朝日岳の頂上は、青海蓮華帯の分布する平坦な地形を成し、朝日小屋へ通ずる木道の西側は風衝帯の岩屑原をなし、タカネマツムシソウ、タカネツメクサ、イブキジャコウソウ、オンダテなどが点在する。木道の南側は切れ間なく続く密集した這松に覆われている。西側より飛ばされた雪が、風下側に適度に積って這松を覆い低温から保護しているのだ。

栂海新道が開設されるまでは、北アルプスの縦走道は朝日岳を終着として蓮華温泉や小川温泉に下山した。しかし新道が開設されると日本アルプスの横断縦走を実現するため、飛騨山脈北延主稜の終着点である親不知の日本海を目指して登山者が訪れるようになった。開通当初は外来者もほとんどなく、新道整備作業中に登山者が来ると小屋に案内して大歓迎したものだ。今はアルプスの秘境とか、アルプス縦走の最終版といって、夏山のシーズン中は大勢が訪れるようになった。

栂海新道の特徴は、何といっても〇～三〇〇〇メートルの植生分布であろう。海岸線の暖温帯（常緑樹）から始まり、中温帯、冷温帯（落葉広葉樹）、亜高山帯（針葉樹林・森林限界広葉樹）、亜寒帯（高山植物帯）と変化する高度差による垂直分布。さらに地質地形、積雪量等に影響されて変わる多様な植生。当地域には、日本の高山植物の七割ぐらいの種類が分布しているといわれている。地質は高位部より古生代から中生代、新生代古第三紀と日本海に向かって地層が新しくなっていく。地形の特徴や四季の変化など、いずれも北アルプスの岩峰には見られない超一級のアルプス風物詩に接することができる。

第二章　誕生、さわがに山岳会

さわがに山岳会が目指すもの

一九六一年十月二十日。職場で捕ったタヌキを汁にし、昼休みに鍋を囲みながら同好の士を集め、「さわがに山岳会」は結成された。会員の大半は毎日肩を並べて、海抜四〇〇〜五〇〇㍍の黒姫《くろひめ》山山腹で石灰石を採掘している同じ職場の仲間である。採掘現場までは、一時間ばかりダイナマイトや機材を背負って登山通勤する。クルマ時代になっても、新幹線が開通してもそんなものはまったく通用しない職場だ。もっとも、山好きにとっては給料つきで毎日トレーニングができるのだから、趣味と実益を兼ねた幸せな職場だったかもしれない。やがて時代の波はこの職場にも押し寄せ、車道ができて登山通勤もなくなっていったが。

本来が藪刈り主体のような山岳会なので、世間並みのシャレた会名をつけても似合わないだろう。グループの発会記念登山として焼《やけ》山、火打《ひうち》山、妙高《みょうこう》山の頸城《くびき》三山を縦走したが、そのとき雨中の登山道に現れて私たちを大歓迎してくれたのがサワガニの大群だった。泡を吹きながらのそのそと横歩きする姿がいかにも俺たちにそっくりではないか、ということになってさわがに山岳会と名づけた。

山岳会としてなにを目標とするかも議論したが、私の狙いは最初から登山道の開設にあった。なにせ、会員は新しい採掘場を開発するための藪刈り測量隊だから、もともと藪刈りのプロ集団である。当時は初登攀とか海外遠征に懸命になっている山岳会が多かった。近代アルピニズムの追求とか、パイオニアワークとかいわれていたが、私たちにそんなかっこいいことができるはずもなかった。それよりも自分たちのプロの技量を発揮すれば、田舎の無名の小集団にだって他人のやらないことができるかもしれない。かくして登山道の伐開を決意した。

私が青海に赴任してまもなくのころ、黒姫山山頂で展望した飛騨山脈北延主稜線の印象が強烈に残っていた。幸いなことに、私たちの住む当地域には有名無名の山々が数多くあった。そしてそのなかで、朝日岳から犬ヶ岳への感動の山並みにはいまだに登山道がなかった。

そのころ、朝日岳周辺にはスーパー林道の計画が持ち上がっていた。長栂山周辺の地形の特徴や、比類ない高山植物の群落が、自動車道路に寸断されてしまってよいのか。登山道を開設して、この山域のすばらしさを心ある人々に直接見てもらえば、あるいは反対運動が起こって、スーパー林道建設を阻止できるかもしれない。

もちろん、こういった自然保護の精神にかけては、われわれも人後に落ちないつもりだが、実をいえば、他人が見向きもしないことにあえて取り組みたいという思いもあった。〇〜三〇〇〇㍍の山稜に登山ルートを開設できるのは、ここ以外にないだろう。そしてこの細やかな登山道伐開事業こそ、われわれが実現できる小さなパイオニアワークではないだろうか。最も身近なところに住んで、なじみの深い憧れのコースだから、自分たちがやらなければという使命感もあった。

当時、飛騨山脈の主稜線で登山道がまったくなかったのは、朝日岳以北の山域のみだった。そして、毎日この山域の一部を眺めながら仕事をしてきたのだ。朝日岳や長栂山周辺は、多種多様な高山植物の豊富な群落があり、夏山シーズンになるといっせいに開花して一大桃源郷を現出する。植生は亜寒帯から暖温帯までの垂直分布が見られる。つまり、高山植物から亜高山、深山、低山、海岸植物へと変化して、潮風の吹く天下の嶮・親不知にて日本海に達する。このように変化に富んだコースはほかにないだろう。こんなにすばらしいコースなのに、まったく未開のままで登山道がないのは不思議なことだった。

　このコースを自分たちだけで楽しんでいてよいのだろうか。登山道を開設して、心ある登山者に解放しようではないか。いっぽうで、北アルプス最後の秘境に大勢の登山者が入山した場合、自然破壊につながらないかという気がかりもあったが、それでも、思い悩みながらも伐開する選択をした。

　しかし、全長三十キロに及ぶ登山道の開発となれば、予想外のことも起こるだろう。想像以上の大仕事になるかもしれない。将来にわたる自分のライフワークとして取り組まないと完成は無理だろう。いつも地球の一角を相手に発破をかけ、山を崩す仕事をして自然と共に生きているさわがに山岳会だからできる。藪刈りのプロとしての力を発揮できる、またとない場所とチャンスが目前にあるではないか。

　未開の山稜に、自分たちの手で岩盤を削り、木を伐り、藪を刈って登山道を開設しよう。山小屋も建てよう。そして海水パンツをザックの片隅に忍ばせて、高嶺のお花畑から日本海まで縦走してドボンと海に飛び込むのだ。アルプス縦走の果てに日本海で海水浴をして帰るというユニークなコース。単純な我々はそんな夢にワクワクした。こうしてわが会の目標は立てられた。

黒姫山に山小屋を

しかし、いざ実行するとなると前途は多難である。未経験なのでまったく予想がつかない。最終目標は、親不知と朝日岳を登山道で結ぶことだが、そのことは当初、会員には知らせてなかった。当初から遠大な目標を立てても賛同を得られないと考え、実現可能な目標に分割して、一区画ずつ開通してつないでいくことにした。

順序としては、まずはじめに慣れ親しんだ黒姫山を開発して、そこで十分経験を積んだうえで、栂海新道への作業道開発を経て、菊石山から町の最高峰である犬ヶ岳を目指す。次に犬ヶ岳から朝日岳へ、そして最後に菊石山から親不知までを開通させることにした。つまり、四つの目標に区切って栂海新道の実現を図ったのであ

1962年、さわがに山岳会が最初に建てた黒姫小屋

る。

黒姫山に新道と山小屋を作ってウォーミングアップをしている間に、栂海新道のコース調査、許可関係の法的手続きおよび地権者との交渉を進めておく必要があった。

黒姫山（一二二二㍍）は、全山石灰石よりなる独立峰で、自分たちの職場に直結している山だ。会発足の翌年には、山頂近くに黒姫小屋の建設に取りかかった。小屋の予定地付近の地形や積雪状況などは熟知していたので、場所はすぐに決まった。そこは、地元の共有地だったので、代表者にお願いをしたところ気持よく許可してくれた。

山小屋の建設工事はすべて会の力でやるわけだから、資材の購入、ボッカ、整地、大工など、一人数役の重労働となった。土曜日の夕方は、仕事を終えても独身寮には帰らず、そのまま山小屋の予定地に向かう。日曜日も休まない職場だったので、会の全員がそろうことはなかったが、小人数のときでも仕事を終えた夕方から登り始める夜間登山が多かった。

小屋が建つまでの間は、敷地内にある天然スギの根元で野宿した。内装作業が遅くまでかかったときは下山が月曜日未明となり、そのまま職場に出勤することも珍しくなかった。休日のほとんどは山小屋建設に熱中していたため、会社の独身寮から出勤しても山頂の小屋から出勤しても、気分的にはいささかも変わりがなかった。

資材購入には私が結婚資金として貯金していた額を当てた。それでも材料費が不足したので、職場にあったダイナマイトの空箱などを解体再利用して、少しでも経費不足を補填した。おかげで、三十数歳を過ぎても結婚できず、長く独身生活が続くことになった。

こうして一九六三年、黒姫山頂近くに、中二階付十二平方㍍の黒姫小屋が完成した。

会員たちの職場

私たちが勤めていた電気化学工業株式会社青海工場は、新潟県境西端の西頸城郡青海町（現糸魚川市）にある県下最大の化学工場である。人口一万五〇〇〇人の町に従業員が三七〇〇人も勤務しており、家族や出入り業者を含めると実に町民の七十%が関係者ということになる。

一般にはオウミデンカの名で知られていた。石灰石、自家水力発電を原料として、セメント、カーバイト、肥料、クロロプレンゴム、医薬品などが主力製品である。日と月を描き込んだ軍配団扇がわが社のトレードマーク。これは創業以来、一〇〇年近く経った今もまったく変わらない。軍配マークが、北アルプスの山小屋のコンクリート工事に使われていたり、車窓からマークのついた貨車を見つけるとうれしくなったものだ。

青海工場が立地された最大の理由は、背後に豊富な水力自家発電と黒姫山石灰石鉱床があるためだ。さわがに山岳会の会員は、この石灰石を採掘して工場に供給する青海鉱山の社員である。地球の一部である黒姫山麓の硬い岩盤に発破をかけて、石灰石を採掘するのが仕事だ。

黒姫山南部には溶蝕地形が発達し、白蓮洞、千里洞といった四〇〇～五〇〇メートルの日本最深の竪型洞窟群が発達しており、ケービングをやる人には憧れの場所だ。採掘現場からは、水晶のような方解石の結晶体が出たり、岩盤の空洞には鍾乳石が下がり、多種類の化石も採取できた。これらの古生物化石は石灰紀～ペルム紀ごろの地球の征服者で、黒姫山頂上は三億年近いフズリナやサンゴ化石から形成されている。休憩所当番の仕事には、タヌキやアナグマを捕獲する役目もあり、ときにはツキノワグマやカモシカなども姿を現す、自然とともにある職場といえた。会員たちは、当初採掘区域を拡大するために立木伐採をして測量を行うグループに属する藪刈りのプロでもあった。

彼等は、自分たちが石灰石を採掘して供給しなければ工場が動かないという誇りを持って仕事をしていた。いつも自然を相手にしているせいかおおらかな性格の者が多く、独得の雰囲気を持つ山男たちだった。岩盤に孔を穿って発破をかける会員。爆砕された石灰石を運び出す大型のショベルやダンプトラックを運転する会員。とくにダイナマイトの扱いにかけては、みなプロばかりだ。新しいAN-FO爆薬で日本初の大発破をかけたり、大型重機によるロードアンドキャリー工法を発表して業界から注目されたりと、黒姫山の一角から業界をリードする新工法を次々に実現してはは存在を誇示していた。ちなみに、これら新工法の成果が認められて、石灰石鉱業協会より最高の功績賞を二回受賞している。さらに母校の早大より学位も授与された。

こうした職場で鍛えられた山男たちだからこそ、重労動である登山道の伐開にも耐えられたのだろう。会社帰りにはきまって飲み屋経由で家に戻るため、酒が飲めないと務まらない職場でもあった。上司から仕事で叱られた記憶は少ないが、酒が飲めないことに関してはいつも発破をかけられていた。

鉱山には一〇〇人近い山男たちが働いており、私はそこの係長だった。つまりさわがに山岳会の会員は全員私の部下ということになる。係長の立場で公正に勤務評定しても、技量もやる気も充分で、優秀な社員ばかりなので会長としても気分がよかった。一部には、藪刈りに参加している者は評価が高いとの声も聞かれたが、藪刈りに耐えられる者は、仕事もよくできたので心配はしなかった。

ただし、現場の第一線で活躍する優秀な重機運転者がいっせいに休暇を取って入山すれば操業への影響が大きい。反面藪刈り作業は二～三人の少数では能率が上がらない。私としても立場上大いに困ったが、会員は休日にも出勤したり、同僚と週休を交代したりして休日日数を増やし、できるだけまとめて休日を取れるように調整をした。職場に迷惑をかけずに、かつ藪刈りを効果的に行うための苦肉の策といえた。

仕事第一に見せかけて、実は藪刈りを優先させるにはそれなりの苦労があった。なかには、入山前の一ヶ月まったく休日を取らずに週休を貯めている涙ぐましい会員もいた。こうした努力をしても、ときにはさわがに山岳会の連中ばかりまとめて休暇を取るとの不満もあり、あそこは係長がついてるからしかたないよという声も聞こえてきたが、概して職場の人たちは伐開に協力的であった。

私は本職の仕事でも会の伐開作業でも、それぞれけじめをつけて同じように厳しくリーダーシップを発揮し、会員とほかの者を差別したつもりはない。しかし、山の中で同じ釜の飯を食って、ともに汗した仲間との友情も否定できない。なにげない対話の中にも、無意識に会員への特別な思いや気やすさが見え隠れしたのは事実だろう。この気持は、私が課長、部長となって職場の担当も変わって、会員と接する機会が減少してもいささかも変わらなかった。

会員たちは、職場内で同僚に都合をつけてやっていたし、私は私なりに勤務調整に努めてきたので職場の雰囲気は悪くはなかった。そのころ私がインド出張を命じられたときは、職場全員で壮行会を開いてくれた。なかには、私のようなガサツ者に結婚式の月下氷人をやってくれといってくる者もいた。地域のしきたりなどまったく知らなかったのでこれには少々参ったが、結局、今日までに十七組もやるはめになった。まあ、みんな幸せな家庭を築いてくれたので、少しは他人様の役に立てたかなと満足している。

私には、組織の一員として上司との関係もあった。当時の部長も課長も、伐開入山にはまったく干渉しなかったが、それでも年休をとって山に行くのには心の負担を感じた。富樫部長は工場の陸上部の部長でもあるスポーツマンで、われわれの行動には理解があった。

後述するが、私たちが山中で一週間も続いた猛吹雪に見舞われ、下山が遅れに遅れてしまい、新聞、テレビに遭難事件として大々的に騒がれたことがあった。山行計画より三日遅れでの下山となり、工場長には大声で一喝されてしまった。

実のところ、この山行はＪＡＣ県境踏査計画のリハーサルでもあったので、すぐに続けて本番山行に出発しなければならなかった。一〇〇人近い捜索隊を編成待機させ大騒ぎさせたばかりなのに、懲りもせずに二週間後に別のメンバーで決行した。工場長には内密のまま県境踏査は無事成功したのだが、地元の新聞で報じられてしまったからたまらない。当然工場長は激怒し私は大目玉を喰うはずだったが、これを取りなしてくれたのが部長だった。このことは、その後かなり時間が経ってから人づてに聞いた。もちろん、谷口工場長もさわがに山岳会の活動に対しては好意的で、会で建てた黒姫小屋の表札を書いてくれたし、次の本田工場長も栂海山荘の表札を揮毫《きごう》してくれた。

栂海新道の開発・整備事業は、プロローグから、第一期、第二期、第三期と長期に渡ったので、なかには途中で退会していった者もいる。ある期間は全員魔力にでも憑かれたように突進するが、無理はそう長く続くものではない。体力的についていけなくなったり、家庭生活と会の行動との調整がつけられなくなったり、あるいは意気消沈して脱落していく者が出てくるのは当然の成り行きだろう。なんとか最後までがんばってもらい、完成の喜びを分ち合いたいという気持は強かったが、去る者は追わないほうが相手も割りきれるし、すっきりもするだろう。仕事にかけては、会員と比べても遜色のない実績を示しているし、私としてはいささかも感情のしこりは残していなかった。むしろ、山でいっしょにがんばった日々の思い出が懐かしく残っていて、それまでと同じような関係が維持できた。友情は埋火《うずみび》のようにそう簡単に消えるものではない。

いっぽう、退会者がでるとそのぶんだけ残された者の負担は重くなる。もともと本人の強靱な意志がなければとても続けられない大仕事だ。こうして淘汰され踏みとどまった者たちが、ますます結束を堅くしていくのは当然のことだろう。とにかく、頭数が少なくては継続できない事業なので、新人を引き込むための焼き鳥屋通いも怠れなかった。

そのころ、さわがに山岳会では、発会と黒姫小屋の完成を記念して、北海道遠征を計画した。遠征資金の不足分は、石灰石のカレン石（溶蝕された犬牙状の玉石）や川原の石を拾って売り歩いた。岩石は地質的に時代や学名を記して、いかにも専門家ぶった説明をしてやるとけっこう売れた。庭石の需要もあり、当時の石ブームにうまく便乗して稼ぐことができた。原石山勤務ならではの余技といえよう。

北海道遠征でも、わが会員は日ごろの実力を遺憾なく発揮した。登山途中、沢に入ってイワナを手づかみしたり、知床羅臼《らうす》海岸では、イタドリをマット代わりに敷いてテントを張り、海釣りで食糧を調達した。羅臼岳からの下山途中、ヒグマと対峙して追い払ったりもした。大雪山《たいせつ》では旭岳《あさひ》八合目から頂上までマラソン登山をやり、一等はウイスキーの角瓶ということで大いに盛り上がった。下山後、紋別にある猪又会員兄弟宅を訪れて、カニづくしのご馳走をいただいたのも楽しい思い出になっている。帰路、混雑した夜行列車ではシートの下にもぐり込み、ぶら下った娘さんの大根足に一晩中悩まされたり、女子大生の修学旅行列車では睡眠薬を飲み過ぎて彼女側に倒れこんで大騒動になったことは、まったく記憶になく、後日学校に陳謝文を出したこともあった。こういった多くのエピソードを残して、わが会の北海道遠征は終わった。

わが会のサムライたち

さわがに山岳会結成時の初代会員は斉藤、武藤、霜島、大平、青木、一宮、それに私の七人だったが、早々に一人二人と抜けていき、黒姫小屋完成のときには早くも三人になっていた。それでも、私には危機感というものはなかった。同志だけの力でやれるだけのことをやればいいのだ。

副会長の斉藤が、「なあに、俺たちだけでなんとかやりますよ」と元気づけてくれた。自称「吹く会長」の彼は、わが会きっての傑物だった。私と会員の間になにか生じると、いつも率先垂範手際よく解決してくれた。最年長で家族思い、奥さん孝行には定評があり、私の女房の信頼も抜群であった。少々せっかちで早合点気味なところはあったが、若い連中をソフトにリードする腕前は際立っていた。なにごとにもきわめてハードな私とは非常に対照的で、かけがえのないパートナーといえた。

徐々に痩せ細っていったさわがに山岳会のピンチを救ってくれたのが北村健治（後に田鹿健治）だった。彼は大工の経験があり、器用で馬力もあったので三人力を発揮した。どんな仕事でも不平をいわず、黙々と参加して入山日数は他の追随を許さない。ひげが濃く、山に入って無精ひげが伸びてくると風貌が一変する。クマの腹違いの兄弟だと冷やかされたが、藪刈りのとき彼がひょっこりと現れると、たしかに一瞬ドキリとしたものだ。彼には狩猟の趣味があってよくクマ撃ちをしていたが、私が愛熊論を説き始めたらぴたりと止めてしまった。

年末になると、健治と大平と私の三人で黒姫小屋に籠城して正月を迎えた。暖かい山小屋の中でブナ林を抜けていく吹雪のシンフォニーを伴奏に、除夜の鐘を聞きながら一年の計を立てたものである。ラジオから流れるニューイヤーコンサートに調子を合わせながら首を振り振り碁を打ち、サッポロビールを飲みながら正月気分を味わった。四日間の正月休みを終えて下山するときには、われら独身三会員はいつも丸々と太っていた。

栂海新道の伐開本番にあたっては新人会員の確保は急務だったから、新入社員を焼き鳥屋へ連れ出して一本釣りを始めた。これによって入会した者には、伊藤、相沢（後に橋立）、縄田（後に猪又）、金子、吉川、大平（和）、中沢、南雲、そして長野から山崎、広幡、八木らがいた。開通後の整備時期に入会したのが八木と南雲である。藪刈り隊の重臣として活躍してくれた田鹿健治、橋立等が早々に逝ってしまったのが残念でならない。

さわがに新道開設

黒姫小屋を完成した二年後の一九六四年、わが会は黒姫山の清水倉登山道側にバイパスをつくる計画を立てた。この新道は、従来のコースをぐっと短縮するばかりでなく、黒姫山西面バットレス（岩登りのゲレンデ）へのアプローチも容易にするのだが、石灰岩の痩せ尾根で岩盤を削りながら道づくりをしなければならず、山小屋づくりの大工仕事から急きょ土木工事に商売替えをすることとなった。

現場は職場からもほど近かったので、作業は休日だけでなく、通常の日でも勤務を明けると直行して残照薄暮の光のある間はツルハシや鉈をふるった。汗と泥にまみれた手でコッペパンをかじりながら、一日に会社と会の二つの仕事を果たすのには超人的な馬力が必要とされた。

この開削作業には、職場の大勢の仲間が参加して協力してくれた。この道はさわがに新道と名づけられ翌一九六五年に完成、紅葉盛る十月に開通式を行った。しかし、完成すればもはや用なしというつもりなのか、晴れの開通式には会員の半分も参加しなかった。目立つことが嫌いというか、へそ曲りが多かったようである。かくして栂海新道着工本番へのプロローグとして、黒姫小屋とさわがに新道の開設は完了した。

その後、栂海新道伐開に追われ、黒姫小屋は十年後の大改修を最後に放置されたままとなり、一九九六年に耐用三十五年にして倒壊してしまった。さわがに新道も整備されぬままに廃道となり、黒姫山の開発事業はすべて、兵《つわもの》どもが夢の跡となって終わってしまった。

風雪との戦い

このころ、JAC越後支部の創立二十周年記念事業として、新潟県全域の県境踏査計画が具体化していた。この計画でさわがに山岳会は、玉ノ木海岸から犬ヶ岳、朝日岳、白馬岳、白馬大池までを担当することになっていたので、一九六六年三月、予備調査と新人教育を兼ねて黒姫山から犬ヶ岳方面への縦走を試みた。

ところが、犬ヶ岳を目前にして一週間も続く猛烈な吹雪に見舞われてしまった。強風で尾根筋を歩けないので、柴倉三角点から北尾根をアイサワ谷を目指して下り始めると、今度は深雪のため胸までのラッセルとなり遅々として進めない。進行が極端に落ちて入山日数はかさみ、体調を崩す者も出てきた。計画の予備日が消化しても雪は降りやまず、一人、完全にダウンして動けない者も出てきた。食糧も底をつき、このままではパーティーが全滅するかもしれない。

そこで元気な連中を先に下山させ、自分はへばった者と最後まで行動を共にすることにした。空身でラッセルをして、ザックを移動、最後にダウンした者を連れてくる。一日に五〇〇メートルも進めないこともあって、吹雪の中での悪戦苦闘は言語に絶するものであった。放置したら絶対助からない、ともに動けなくなるまで離れない覚悟であったが、なんとか、発電所ダムの合宿所まで生命を残して辿り着くことができた。

合宿所の前は一〇〇名近い捜索隊でごった返していた。私はしばし放心状態にあり、リーダーとして最後まで一緒に行動できたことに、内心満足感のようなものがあった。このとき、三日ぶりに口にしたあの温かい梅干おかゆの味は今でも忘れられない。

そして前述のごとく、この遭難騒ぎのほとぼりもさめやらぬ半月後に今度は最強のメンバーで本踏査隊を編成して入山。白鳥山、犬ヶ岳、長栂山の県境を忠実にトレースして朝日岳に達し、さらに氷雪の雪倉岳、三国境《さんごくざかい》を越えて最終目標の白馬《はくば》乗鞍《のりくら》岳に辿り着いた。途中、吹雪のなかでのルート捜しなど苦労もあったが、知られざる会員の姿を発見したり、栂海新道のコース調査もできて収穫も大きかった。吹雪で沈澱しているときは、会員一人ずつ進路方向のテストをやったり、これから始まる栂海新道伐開への想いなどを語り合った。ようやく五日ぶりに星空を見たとき、全員が思わずテントから素足で飛び出し、肩を抱き合って喜んだのも昨日のことのようである。

第三章　登山道、犬ヶ岳へ達す

里の灯に想う

一九六六年、いよいよ待望久しき犬ヶ岳へ至る登山道伐開に着手することになった。この登山道の起点は青海川上流のアイサワ谷とアブキ谷の出合い。そこから三保倉経由でだらだらと長い尾根を通って菊石山に到達する。菊石山は白鳥山と犬ヶ岳の中間に位置するため、この登山道は犬ヶ岳への最短距離となるのと同時に、後々の栂海新道伐開に際しての作業道の役割も果たすことにもなる。

三保倉道周辺は、町からも近く日帰りが可能なので、会友のアブキ山岳会（代表北林）や職場の仲間たちも大勢が参加協力してくれた。しかし、それにしても目指す犬ヶ岳は遥かに遠く、伐っても削っても犬ヶ岳は一向に近づいてくれなかった。登山道は着実に延びてはいたが、菊石山辺りまで来ると、さすがに日帰り作業がきつくなり、宿泊が必要になるにつれて協力者の人数も減少、いつの間にか顔ぶれは会員のみになっていた。

菊石山の北斜面には水場があり、伐開作業や山小屋資材荷揚げのときはそこを幕営地として利用した。一日の作業を終えて幕営地に戻るころは、きまって周囲は薄暗くなっていた。雨の日は、炊事のために火をおこそうにも、濡れ木にはなかなか火はつくものではない。自称「火つけの名人」たちの腕も通用せず、芯の残った飯を再び炊き直したまずい飯を食わされたものだ。

ちなみに、こんなときにしっかり火をつけるのにはコツがある。皆が再三トライして、火元周辺をすっかり乾燥させたころを見計らって、「どれ俺がつけてやるから貸してみろ」と腰を上げるのである。いわゆるベテランといわれる連中が、ほかの連中に差をつけることができるのは、こういうコツをつかんでいるずるさのせいだと私は思っている。このタイミングさえ見誤らなければ火つけは難なく成功し、会長としての存在感も誇示できるのだ。

こうしておこした焚き火は、夕食後の団欒の中心となる。ある者は串刺しの肉やピーマンをあぶり、ある者は明日に備えて鋸の目立てをする。食事当番が懸命になってつくった晩飯を、思い思いの批評をしながら食べる。料理当番は自然的条件のせいにして盛んに弁解する。食事どきのいつも変わらぬ情景だが、これは何度繰り返しても飽きることのない道化芝居だ。

食べて飲んで語ったら、気だるい満足とそれに続く沈黙がやってくる。焚き火の炎が一段と高く舞い上がり、われわれの顔を赤々と染め、あたりはすっかり闇夜と化す。ふと北の空に黒姫山のシルエットをたどると、そこに青海町、いや自分たちの仲間が働く工場の灯を見た。山の上から眺める里の灯は、いつもながら別世界を感じる。

こちらが寒さに震えているときなどは、「ちくしょう、下界のやつらは暖かいふとんのなかでぬくぬくと寝ているのだろう」と、いわれもない羨望、あるいはジェラシー気味の反感を感じたり、「おまえたちは誰でも甘んじる平凡のなかにどっぷりと漬かっているが、俺たちは違うぞ。今、山の霊気の中にいる」といった幼稚きわまりない優越感を味わったりする。

山から見渡す青海の町と工場の灯り

しかし、私はジェラシーも優越感も本心ではないと思う。心の底にあるもの、それは町そして人間社会へのノスタルジーではないだろうか。その証拠は下山時の足どりを見れば一目瞭然だ。無意識のうちに鼻歌が出てしまう楽しさの正体はいったいなんなのか。町での生活の倦怠から逃れるように山に入る。山はその期待にいつも応えてくれる。だが数日の山中生活に別れて山を去る日、私たちの足どりはうきうきと軽やかである。ちなみに会員たちの下山の速さは天下一で、まさに脱兎のごとくである。

そしてまた、ガスに巻かれて見えるべき町の灯から断絶されたときに感じる孤独感も忘れることができない。「今ごろ、下界の野郎どもは何をしているかな」と気になっているのだ。

山上で見る町の灯は、このように不思議な語りかけをする。近ごろは省エネで昔よりだいぶ薄光になってはきたが、それでも私は今でも栂海新道に入ると、あの日見た町の灯を鮮烈に思い出すのである。

ついに犬ヶ岳へ

ひたすら藪を伐り、斜面をカットしながら進むと、やがて青海町と糸魚川市、朝日町を分けるジャンクションに至る。そこからさらにカタクリやシラネアオイの咲く尾根をひと登りすると、矮性低木に囲まれた東西に細長い岩盤の犬ヶ岳頂上だ。流紋岩質砂岩の間に閃縁玢岩が露出した平らな頂で、季節風が強いためコケモモ、イワハゼ、コイワカガミ、タカネマツムシソウがあり、キタゴヨウマツが這松状になっており、背丈の短いオオシラビソも見られる。

長かった道程を経てようやく頂上に到達し、万歳が終わると途端に雨が降り出してきた。犬ヶ岳の雨は粒が大きい。下界の五～六倍はあるのではなかろうか。三粒も当たれば全身濡れねずみだ。しかし今、長いマラソンをようやくゴールしたばかりのわれわれは、雨などまったく気にもとめない。どうせ「さわがに」山岳会は水分なしでは生きられないのだ。ビールで乾杯して開通気分を味わっていたら、追い打ちをかけるようにさらに巨大な雨粒が舞ってきた。この日ばかりは雨が降る中でも楽しい昼食だったが、「犬ヶ岳の頂上に立って太陽を見たことがあったかなぁー」と、誰かがつぶやいた。

二次会は、幕営地に戻って、濡れそぼって震えながら喜びを分ち合った。時に一九六七年九月二十五日、この感激の日は忘れられない。

十月には、協力してくれた人たちを募って会社の青海川発電所の合宿所に泊まり、汁粉や肉汁で前夜祭を楽しんだ。結局このときの開通式は、雨天のため犬ヶ岳まで到達できず菊石山までとなってしまった。青海川発電所合宿所はすでに解体されてしまったが、藪刈りの前泊所として大変お世話になった。その後、登山口にさわがに山岳会が独力で「さわがに小屋」を建設、アクセス時間の短縮を計った。この事業にはなんの報酬もなく、ただ登るだけの山行とは比較にならないような重労働にも耐え、それを実現した。

もちろん、私の構想は犬ヶ岳到達によって完結したわけではない。いまだに会員には打ち明けていなかったが、最終目標は朝日岳と親不知を結ぶ全長二十七キロに達する縦走登山道の開設だった。

クマンバチ騒動

犬ヶ岳への長く苦しい道で、われわれはいくつもの生き物たちと出逢った。それは愛らしくもあり、ときには恐ろしく残酷な戦いでもあるが、この山域の動物たちについて書き加えておきたい。

犬ヶ岳への三保倉道登山口であるアブキ谷とアイサワ谷の出合いに立つと、私は今でもクマンバチ騒動を思い出す。当時、ここにはパルプ材を伐り出すための木挽《こびき》の小屋があった。周囲がトタン張りの妙に背の高い建物だった。冬期、このあたりは三《メートル》以上の積雪になるので、埋没しないための工夫だったのだろう。すでにトタンは腐食が進み穴だらけ、なんとか風雨をしのげる程度のものだった。

そのころ、私たちは小屋に近い小平《しょうだいら》にテントを張って三保倉道を伐開していたのだが、あるとき、大雨に襲われてテントが水浸しになってしまった。やむなくテントを撤収してこの木挽小屋に逃げ込み、枯木や室内の木片を集めて盛大な焚き火をした。穴だらけなのが幸いして煙はどんどん外に抜けていくので、室内とはいえあまり煙くはならなかった。装備や衣類もすぐに乾かすことができた。

しばらくすると、一人の老人がひょっこり顔を出した。小屋が火事かと思ったらその老人によると、昔このあたりには金山があって、一攫千金を夢見た一〇〇〇人もの人たちが橋立金山で働いていて、ゴールドラッシュを現出していたという。老人は明治三十年代に金山で働いていたが、ダイナマイトで片腕を飛ばしてしまったそうだ。そんな明治中期、若き日のこの山村の隆盛を、焚き火にあたって茶を飲みながら語ってくれた。あの老人もすでに亡くなっている。

やがて衣類も乾き、雨中の伐開作業に出かけようと準備をしていると、天井から異様な音が聞えてきた。それまでは気づかなかったが、高天井裏にクマンバチが巣を作っており、それが焚き火の煙にいぶされてパニックを起こしたのである。あるものは惑乱したのか、自ら急降下して火焰に羽を焼かれて死に、大半は逃げ場を求めて狂乱状態だ。会員には、降下してくる蜂を片端から叩き落とす者も出てきて、にわかに物情騒然となった。何人かはすでに刺されて悲鳴を上げている。相当頭にきたのか、巣を取ってしまえと誰かが叫ぶ。これがハチたちの耳に入ったのか、彼等も急に攻撃的態度を強めた。再び刺される者もいて断末魔の叫び声が聞えてくる。

しばらくするとハチの毒気が頭に上ったのか、突然、鉈を持って柱によじ登り始める者が現れた。ハチたちは「敵襲！」とばかりに大挙して襲いかかる。彼はハチなど眼中にないといった勢いで敵の本丸に迫り、ついに一刀のもとに切り落としてしまった。

巣は直径四十㌢はある巨大なもので、それが真下にいた別の仲間の上に落ちてきた。彼も逃げればいいのにそれをひょいと受け止め、そのまま外に飛び出してボールのように空中高く投げ上げた。その瞬間、またもやものすごい悲鳴。

あたりは私たちとクマンバチの死闘の場となった。長い年月、築き上げてきた生活の場を勝手にいぶされ、切り落とされ、投げ捨てられたクマンバチにしてみれば、これは自衛のための正義の戦争であったろう。私は完全中立を守ってこの情景を見守っていただけなのに、ハチには敵の仲間と思われてしまったのだろう。やがて私にも毒針を突き立ててきた。それはまさに魔力的な激痛であった。

どういうわけか、得意になってハチ叩きをしているにもかかわらず被害に遭わない者もいて、焚き火の周囲にはまたたく間に死骸の蜂ヶ岳が築かれた。結局ハチにやられたのは三人で、各所にミニ富士山みたいなコブをつくり、互いの顔を指しながら泣き笑いをしていた。

そのとき私たちがクマンバチと呼んでいたのは、正確にはスズメバチである。本当のクマンバチは体長二・五センチほど、大部分が黒色の毛に覆われてクマを思わせるところからその名がある。丸太などの枯木に穴をあけて産卵する。いっぽうのスズメバチは体長四センチ、腹端に毒針を持ち、刺されるとショック死することもある。木材を噛んで練り、軒下などに球形の巣をつくる。俗にクマンバチとも呼ばれることもあるが、本来のクマンバチは毒針を持たない。あの懐しい古戦場、木挽小屋も後に雪の重みで倒壊し、今ではどこにあったのかもわからないほど草むらに埋もれてしまった。

ウシたちのデモ

犬ヶ岳登山道の起点周辺には橋立牧場があった。ここは山麓の清水倉の農家がウシの放牧地として使っているものだが、牧場として施設はまったくなく、ウシたちは自然のままの雑草を食べながら、半年間野宿生活をしていた。ここに至る下流側の林道にはトンネルがあり、夏の暑い盛りにはここで何十頭というウシが避暑をきめこむので、気の弱い人間さまはトンネルを抜けられないこともあった。なかには標高八〇〇㍍ぐらいまで遠征してくる好奇心の強いウシもいて、日暮れ時に登山道で遭遇してギョッとさせられることがあった。十月ともなると彼等が食べられる草木は目に見えて減り、そして人間の訪れを待つようになる。

そんな時期のある夕暮れ、翌日の伐開作業のため木挽小屋付近にベースキャンプを張ったときのことである。われわれがこの場所に来ると、ウシはいつも周りに集まってきた。ギョロ目を光らせながらじわじわと寄ってくるウシに囲まれるのは、あまり気持のよいものではない。モウさんたちとパーティーを組む気はモー頭ないのに、ときおり「モーッ」といっせいに合唱して、なにかのデモストレーションをやっているみたいだ。

翌朝、テントをそのままにして現地へ出発。一日の作業を終えて戻ると、張りっ放しにしておいたテントはずたずたに噛まれ踏みつけられ、なかの食糧は荒されて散乱していた。調べてみるとウシたちの狙いは味噌、つまり塩分が欲しかったのだ。

いずれにしてもこれではとても泊まることはできないので、その日はそのまま下山。一週間後に入山したときは木挽小屋をベースにした。食糧はウシが届かないように高いところに吊るしたので心配はない。

その日の作業を終え、小屋のなかでローソクを灯りに夕食の仕度をしていると、ギョロ目を光らせてまたもやウシたちが総出で近づいてきた。やがて板の破れ目からヌーッと顔を出し、例の長い舌をぐいと伸ばしてくる。その表情には相当深刻な哀願さえ感じられた。

前回の経験があったので、今回はウシたちのために紙パック入りの塩を三本も用意してきてあった。さっそく手の平に塩を載せて、顔を覗かせているウシに差し出すと、長い舌でひと舐めに飲み込む。するとそこから、次々に現われては先を争っての押し合いが始った。その勢いたるや相当なもので、このままでは小屋が壊されるかもしれないという危険も感じられた。この騒動を沈静化するには、全頭平等に与えるしかない。私は塩を持って外に飛び出し、広範囲にわたって草むらにまき散らした。小屋に集まっていたウシたちもいっせいに草むら目がけて駆け散った。

彼らの塩分欠乏症は相当重症だったようで、私たちははからずも「塩よこせ」デモに巻き込まれてしまったのだった。本来なら牧場主に対して要求するはずだが、

三保倉登山口で「塩よこせデモ」を起こした放牧牛たち

塩をくれる者なら誰でもよかったのだろう。われわれだって彼らの縄張りに居候していたのだから、少しは恩返しができたというものだ。

二日目の藪刈りから帰ると、例によって小屋の周りで一群が草を食んでいたのだが、そのなかのひときわ目立った大物と目が合った。昨夜、私の手から塩を舐めたやつかもしれないと思っていると、そのボスウシは傍らにぴたりと身を寄せていた一頭に、やおら体を乗り上げると厳粛なる行為を開始した。周囲をまったく無視した大胆な行動だったが、あるいは昨夜のお礼にと、秘すべきものを公開してくれたのか？　そういうことであればじっくり見物させてもらおうと、草むらに座ってニヤニヤしていたが、なかなかうまくいかない。そのうちオスとメスの位置が逆転して、メスがオスの上に乗ったりと傍若無人。わが世の春を謳歌しているようだった。ほかのウシどもはというと、少し下ってそんなものにはまったく興味がない様子だった。おそらく、他人の秘めごとに異常な関心を示すのは人間だけなのではないだろうか。つまり人間が一番品性卑しき動物ということになるが、やはり好奇心を働かせる幅がほかの動物に比べて広いのだろう。

郷土の先輩・上杉謙信は敵に塩を贈ってもなんの返礼も求めなかったというが、

ウシたちは年一回の細やかな提供者に、世にも迫力ある豪快な行為を披露してくれたのだった。

マムシ論議

小平から菊石山にかけてはマムシの散歩道である。雪が解けて藪になるころから、ミネカエデ、マルバマンサクの紅葉が始まるころまでなら、たいがいお目にかかることができる。沢筋の湿っぽいところや草むらの繁みなどがマムシの好きな場所だ。ときには木の上で団子状になって交尾しているのを見かけることもある。

このあたりのマムシは外敵に対して自信があるのか、命が惜しくないのか、人間を見てもあわてて逃げたりしない。いつも足元から少し動くと、じっとこちらの様子をうかがっている。これは聞いた話だが、以前、町に近い草むらでうら若い乙女が人目を避けて用を足していたところ、マムシがその大事なところに魔の牙を立てた。恥ずかしさでこのことをいえなかったその娘さんは死んでしまったという。

犬ヶ岳の登山道周辺を縄張りにしているマムシ諸君には、そんな酷いことをするのはいないし、栂海新道開通後も登山者が噛まれた事例はない。にもかかわらずわが会の猛者《もさ》たちは、人間に害を及ぼすからとの理由で彼らの存在を許さない。見つけると立ちどころにに捕え、その場で皮をむいて刺身にするか、小屋に持ち帰って蒲焼きにして食べてしまうのだ。

「どうして君らは、まるで親の仇みたいにマムシを殺すのだ。少しは残してやらないと絶滅してしまうではないか。彼らにだって生きる権利はあるのだ。自然界の生態系を壊すことにもなり可哀想だよ」と、唯一マムシの味方である私が説得するのだが、彼らは頑として聞き入れない。たいていのことは、鶴の一声で決まるのだが、斉藤副会長までが「人間に危害を加えるマムシは絶対に許せない。われわれの登山道は安全でなければない」と宣言するに至っては私もお手上げだった。

会員には斉藤と健治という二人の名マムシキラーがいた。彼らににらまれると毒牙をもって征するマムシ君もまるで歯が立たなくなるがら不思議である。ほかの連中もマムシに同情する者は一人としていない。捕えるとその場で赤裸にして枝に巻きつけて持ち帰るか、筋肉がいまだ痙攣《けいれん》しているものを刺身にして食べてしまう。マムシは絶大な活力剤だと信じている彼らにとっては、重労働の恰好の栄養補給だし、危害予防という錦の御旗まで掲げられたらどうしようもない。私も彼らに勧められて、小屋のストーブで焼いた豆粒ほどの卵を食べたことあったが、それはホクホクして鶏卵の黄味のような味だった。

栂海新道のマムシよ、君らはわれわれと出逢ったばかりに不幸な運命に巡り合うことになってしまったのだ。会を代表して衷心より陳謝したい。

どうも、私には殺生アレルギーというものがあり、それが自然保護の思想につながっているように思う。マムシだって例外ではなく、私が先頭を歩くときは「おい、早く逃げろ、すぐ後からすごい殺し屋がくるぞ」と藪の中に追いたててやる。

小学生のころ、女の子を注目させようと、アオダイショウを自分の首に巻きつけて得意になっていたものだが、あれはてんで逆効果だったと今にして思う。ヘビに好意を示す人間なんてそうザラにいるものではないのだ。若い会員はトップを歩きたがり、とくに女の子がいると張りきるのだが、そんななかにもヘビを見ると悲鳴を上げて顔面蒼白になる者がいた。ヘビというのはよくよく可哀相なやつである。

マムシは特に梅雨どきの、雨が降ったり薄日の差す蒸し暑い日によく見かける。マムシキラーとて、手ぐすね引いて出現を待っているわけではないが、なんとなく出てくる予感はあるようだ。マムシも藪のなかを這いまわるより登山道の方が歩きやすのかノコノコと出てくる。キラーたちの〝マム感〟は鋭く、先端が二又の杖を持って歩いているから、見つかったらまず逃られない。マムシの居場所を見つけると、サッと二又で首を抑え、生きたまま首を持ってタオルに毒牙を差して抜いてしまう。あとはそのまま縄にはさんで腰からぶら下げられる。捕獲数が増えてくると、まるで腰蓑を巻いて踊っているように見える。

ほかの方法としては、一升瓶の底を割ったものをとぐろを巻いているマムシにスッポリかぶせてしまうというのもあった。驚いたマムシは瓶のなかで暴れるが、底に蓋をされてしまい逃げられない。やがて大小排泄物を出しきったころ、生きたまま三十五度の焼酎につけられてマムシ酒にされてしまう。

腰蓑キラーのほうなど、ある日は十一匹もぶら下げていて、さすがにその重さに本人も辟易《へきえき》したのか、「今日のところはこれぐらいにしておこう」とのことだった。動物に来世というものがあるなら、彼らはまず間違いなくヘビ地獄に突き落されるだろうが、あるかないかわからないものに神経を使うよりは、まず現世の、この登山道の安全を確保し、併せて比類なきスタミナ源としてこれを活用するほうが、より人間的であり合理的であるというのが彼らの信念なのだ。もちろん彼らの名誉のためにつけ加えておくならば、彼らとて毎日こんな殺生をしているわけではない。普段は藪刈り一筋の心優しい若者である。

ちなみにこれはマムシだけでなく、自然界の生物全体に対応される共存権に通じる問題でもある。毒性を持ったマムシや有害動物に認定されたものを例外視するのは、やはり人間の勝手というべきだろう。栂海新道は山野草が特別天然記念物となり、鳥獣保護区域にもなっているので、いっそのこと全域を動植物の保護区域に指定して、一切採取や捕獲でない地域にしてはどうだろうか。

これまでにも、私が栂海新道のマムシの話をしてきたせいだろうか、今日でもマムシの危険性についての問い合わせをときどき受けることがある。そんなときは「さわがにの会員が大半食べてしまったからほとんど姿を見られなくなった」、そして「栂海新道が開通して四十年近く、過去に噛まれた事例は一回もありませんから、意識せず普通に歩いてください」と返事している。

人とクマの共存

一九六〇〜一九七〇年代にかけて、栂海新道の伐開作業をしているとよくツキノワグマに出逢ったものである。山小屋の資材を背負いながら春先の残雪の尾根を歩いていると、冬眠から覚めたクマがブナの木に登り、むさぼるように新芽を食べているのに出逢うのが楽しみでもあった。われわれは山のオヤジと呼んで、親しみを持って相互その存在を認め合ってきた。

ある日の夕暮れどき、藪刈りを終えて下山の途中、登山道の曲り角で親子連れのクマにバッタリ出逢ったことがあった。背中をこちらに向けていたので、はじめはウシと間違えてしまい、なんで牧牛がこんな山奥まで来たのか不思議に思った。まもなく子グマが私の方に近寄ってきたところで、「あっ、クマだ!」と気づいた。その瞬間、母グマが振り向いて前脚を上げ、「グワグワ」と大声で威嚇しながら子グマを制した。とっさに「驚かせてゴメン」と謝りながら、ドングリやヤマブドウのある場所をクマ語? で教えてやった。母グマもどうやら敵ではないようだと気づくと、私の話を理解したかのように子グマを促し、何度もこちらを振り返りながら藪の中に消えていった。

また、勤務の都合でみんなと一緒に入山できず、一人夜間登山で栂海山荘を目指していたときに、三保倉尾根に就眠中のクマを私の足音で起こしてしまったことがあった。草木も眠る深夜に外敵の侵入と思ったのだろう。烈しい藪音を立て逃げ去った。私は「寝ているところを起こしてしまってゴメン」と、またまた謝って通り過ぎようとしたのだが、クマは途中で反転し、背後から声を出しながら追ってきた。しばらくして敵でないことを察知したのか再び離れていったが、このときは菊石山山頂まで一気に歩き続け、小休止したときにはさすがに肌着が冷汗でびっしょりと濡れていた。

早春になると、この地域にもクマハンターが登ってくるのだが、そんなとき、私は先廻りをして大声でオヤジに警戒の合図を送ったものだ。クマにも先住権はあるわけで、大声を出して棒を振り回したり、餌場を荒らしたりしなければ平和に共存できるはずである。

最近では、栂海新道で山のオヤジに逢う機会がほとんどなくなってしまった。毎年里に現れるたびに有害鳥獣として駆除され続けてきたので、絶対数が激減してしまったのだ。

二〇〇七年の秋には、地元猟友会員が里に現れただけの親子クマを射殺し、最高のロース肉といって客を接待していた。人類は自然保護とか共生とかいっているが、しょせんは茶番劇ではないかと考えさせられる。全国では年間一八〇〇頭、新潟県でも一六〇頭ぐらい射殺されているという。昔のマタギは親子連れや子グマを撃つことはなかったが、最近ではお構いなしである。

人間は、林道開設、深山へのスギの植林、宅地造成などで広葉樹林を潰し、クマの生活圏を狭めてきた。近年は地球温暖化による少雪の影響か、栂海新道にもニホンシカやイノシシが出現するようになった。秋になると連日のようにクマが出現しては駆除されたというニュースを聞くが、このままの対応を続ければ、いつかニホンオオカミやトキの二の舞になることは自明の理だろう。

たとえクマが絶滅しても、人類にはまったく関係ないという人もいる。しかしクマが自然の生態系に及ぼしている影響は決して少なくない。クマを絶滅から守るには、まず人間と住み分けできる環境を回復させることだ。荒れたスギ植林を伐採して、ブナ、ナラ、クリ、山柿など、実をつける広葉樹を植栽して、タケノコ、山菜の採取禁止区域も設定して餌場となる森を造成する。餌不足の年は里柿を与えたり、ツルやハクチョウと同じように、冬眠前に食糧の人道支援をしてもよいのではないか。餌があれば、命がけで里に降りてきて、人に危害を加えることもあるまい。捕獲した個体には発信機をつけて山に戻し、行動を確認しながら生態系の調査を進めていく。クマの習性や出逢ったときの対応などもマニュアル化して、子供たちや地域住人に周知させることも大切だ。

自然界ではクマも人類も対等であることを認識し、互いに存在を尊重することが共存への道だろう。新潟県では猟友会に自粛要請するなど、保護への動きが出てきた。絶滅への時は短いが、復活への道は遠く厳しい。

モリアオガエル飼育日記

三保倉から菊石山への作業道の中間点に、私たちが「ひょうたん池」と呼んでいる小さな水たまりがある。例年なら梅雨明けまで満々と水をたたえているのだが、ある年の初夏、六月になっても雨らしい雨が降らず、この池の水量も中心部にわずかに残るだけになってしまった。このあたりは豪雪地帯だが、標高が一〇〇〇メートル前後と低いために雪解けも早い。雪がなくなると池に流れ込む水もなくなり、雨が降らないと干上がってしまうのだ。

しかし、水位の確認もせずに、その年もモリアオガエルたちは岸辺のユキツバキやマンサクの枝に卵を生みつけている。卵は直径二十センチぐらいの白色の泡の華で、池の周辺にいくつも目につく。産卵から二～三日もたつと表面が少し乾燥して黄味を増してくる。この泡は水に溶けないので、落ちそうで落ちない。

見ると、卵はかなり水際から離れた木に産みつけられており、この位置では孵化してもオタマジャクシが池にたどり着くことは難しいだろう。ひょうたん池以外にも、周辺にはたくさん小さな池はあるのに、それらは早く渇れると知っているのか、ひょうたん池のほかでは産卵しようとはしない。モリアオガエルの本能的感も異常気象に狂わされてしまったのか。

この付近にはガマガエル（ヒキガエル）も多く、彼らもひょうたん池を選んで産卵する。この池は栄養が豊富なのか外敵が少ないのか、なにか育ちやすい理由があるのだろう。ある日、三保倉中のガマは一〜二日で全員集合する。ひょうたん池はガマであふれんばかりになる。

ガマのシンフォニーが一晩中続くころになるとペアが決まってくる。オスの方が体が小さく、メスの背中に乗って産卵を待つ。見合いに破れたオスは、それでもあきらめずにカップルの上に乗って三重になり、相手を引き離そうとするがすぐに蹴落されてしまう。約束した恋人が現れないのか、失恋してメスたちに相手にされないのか、岸でしょんぼりしているのもいる。思わず「おい、しっかりしろ」と、頭をポンと叩いてやりたいような可憐さを感じてしまう。モリアオガエルは、平和に一妻多夫の産卵をするのにガマの世界は異なるようだ。

この時期、私はいつもサポーターとなって産卵に立ち合い?、見守ってきた。それにしても、一両日にひょうたん池では恋と産卵の大祭典が繰り広げられ、それが終わるとゼラチン状の細長い帯に黒点のような卵を残してサッと消えてしまう。なぜこの時期に、日時を違わずいっせいにこの池にガマガエルが集まり、散るのか不思議でならない。

それから数日後、伐採合宿を終えて下山すると、ひょうたん池はいつもの静けさを取り戻していたが、水際はますますモリアオガエルの卵から遠ざかっていた。このままだとオタマジャクシは水のない枯葉の上に落ち、すぐ死んでしまうだろう。持ち帰って育ててやろうか。この山域の動物たちは自分が面倒をみてやらないと絶滅してしまうのではないかと、勝手に決めこんでいるのがわれながらおかしい。

とにかく、危険地帯にある泡のかたまりをビニール袋に集めて下山することにする。しかし、オタマジャクシはいったい何を食べるのか。百科事典にもモリアオガエルの飼育法なんて書いてはないだろう。まあ人間でもカエルでも、栄養素に差はないだろうからなんとかなるさ。実はこのときまで、モリアオガエルのことをほとんど知らなかった。場所によっては、天然記念物に指定されているところもあるが、たぶんアマガエルを少し大きくしたぐらいで、緑色をしているのではないか程度に考えていた。

そんなことを考えながら下山していると、雨が降ってきた。このぶんではひょうたん池の水位も上がって、オタマジャクシも生存できるようになるのではないか。余計なことをしてしまったかもしれない。だが時すでに遅く、卵を抱えながらずぶ濡れになって家に戻っていた。

メスの背中に4匹のオスが乗って産卵するモリアオガエル

まず子供の行水用のタライを買ってきて、上に目の粗い金網を張り、持ってきた泡を乗せる。泡の中には黄身色の直径二ミリほどの卵が入っている。直射日光を避けながら、雨が降ったら戸外に出し、できるだけ外気にさらすよう心がけた。三日ぐらい経つと、黄色い粒のなかに黒い筋のようなものが見えてきて、泡がもくもくと動き出す。

　自然下でのモリアオガエルは、一週間ほどで孵化するようだ。黄色い部分がそのまま本体となり、暗灰色の体長十数ミリぐらいの細長いオタマジャクシになった。泡から抜け出すと、金網を通って水面に落ちる。孵化してもすぐに水中ダイビングしないところをみると、泡も栄養食になっているのかもしれない。孵化にも個体差があって、全体が孵化するのに三日間ぐらいかかったが、いく粒かは親の怠慢か、あるいは世に出たくなかったのか、孵《かえ》らずにそのまま変色してしまった。

　新しい生命が誕生して、わが家に奇妙な家族が仲間入りして賑やかになった。元気に泳ぐオタマジャクシにはどんな餌がいいのだろうか。まったく見当もつかなかったが、とにかく栄養価の高いものと思い、玉子の黄身を与えてみた。すると彼らは丸い玉子の黄身にいっせいに群がって、すぐに食べ尽してしまった。それからパン、ウドン、菓子そしてトマトやスイカも食べた。とにかく人間と同じものを食べてくれるので助かったが、いずれも水垢よりは栄養価が高いだろうから、彼らにとってはご馳走だったかもしれない。

偏食にならないよう鰹節の粉など動物タンパクも与えたが、これにも想像以上のものすごい食欲を見せ、安心させられる。彼らは私が与えるものはなんでもよく食べた。一週間ばかりで頭や背の黒味が増し、体長も十八ミリぐらいになった。腹部は半透明で、心臓の鼓動や腸の渦巻きが見えた。毎日水を取り替えると見違えるように元気になった。冷たい水が好きなのか溶存酸素量が増えるためなのか、とにかく成長は早かった。

ようやく日本語らしい言葉を話すようになった娘の「つがみ」が、オタマジャクシとうまくいえないでいると、誰に教えられたか「カエルのコ」と呼んでいた。昨今の子供たちは、自然界の動物たちと接する機会を狭められ、なんでも店で買うものだと思わされている。買ってきた動物は、観察だ、解剖だといって結果として死なせてしまう。それ以前に彼らと一緒に遊ぶことを忘れていないだろうか。これは大人の責任でもあるが、娘にはどんな小さな生きものたちとも、仲良く遊べる子になってもらいたいと思っていた。

オタマジャクシのほうは、タンパク質ばかり与えてきたので、ビタミン不足になっていないかと心配になり、さっそく娘を連れて藻を取りに行った。生きのいいアオミドロを水槽に入れてやると、大好物にありついたかのようによく食べて、彼らの姿はみるみる緑色に変わった。体内が透けて見え、食物によって体の色調が変化するので、なにを食べたかもすぐわかる。

二週間目になると体長二十六ミリ、頭が十ミリぐらいに成長し、タライも狭く感じられるようになった。病気もせずに、みんな元気に育ってくれたのがうれしかった。あのままひょうたん池で孵っていたら、水面にたどり着けずに死んだものや、外敵の餌食になっていたものもあろう。私のやったことは間違っていなかったという満足感もあったが、それでも彼らは生まれ故郷で育ったほうが幸福だったかもしれない。

大きくなるにつれて彼らの食欲はますます旺盛になった。トマト、ウリ、カステラ、魚肉、イチゴ、ビワ、なんでも好物だ。一ヶ月ぐらい経つと尾のつけ根に小さな足が見えてきた。透明なので外に出てこなくても観察できる。その後四日ばかりで七ミリ程度の細い足が出てきた。全般的に黒味がかっていたが、それが次第に薄くなって、モリアオガエル本来の色に近く緑が強くなってくる。これまでの餌やりは娘つがみの担当だった。

彼らにも個体差があり、よく食べるやつは早く大きくなり、おとなしいやつはなかなか成育しない。動物の世界ではこうした体格差は自然の成り行きなのだろうが、カエルの世界は極端だ。前足は後足より五日ぐらい遅れて出た。四十日目には大半が手足をそろえ、カエルらしくなってきた。はじめのうちは尻尾が長く、オタマジャクシとカエルの合いの子みたいだったが、長い尾の先端が火で焼かれたように小さなカサブタ状になり、それがだんだんと小さくなっていつの間にか取れてしまった。

もはや一人前のカエルである。タライから這い出し、飛び跳ね、歩き回る。わが家の玄関は、土間も上がり框《かまち》も一面カエルとなり、威勢のよいのは障子の破れ目から室内にも侵入してきた。両棲類が水中にじっとしていなくなったということは、立派な大人に成長したということだろう。タライの中に頭が出る岩を入れたり葉の付いた小枝を浮かべたりしてやると、けっこう外気にふれて休息する。もうかつてによる飼育の限界である。

の大好物、トマトにも鰹節にも見向きもしない。カエルは生き餌を主食とするが、生きたカやハエを与えることはとてもできることではない。この時期までが人間による飼育の限界である。

今日は二十四、明日は三十四とビニール袋に入れ、毎朝早起きしては、さわがに山岳会のポンコツトラックを走らせ、青海川上流の水たまりを捜して、放してやる。カエルを放してから出勤する、こんな日課が五日ばかり続くと、残りは数えるばかりになった。この未熟児たちも、まもなく吸盤の大きな、緑色の立派な天然記念物並みのモリアオガエルに成長し、やがて先輩たちと同様に青海川上流に移動した。

最後のグループを自然に放すときは、いささかの感慨が胸を去来した。生まれ故郷に戻って、一人で元気に生きていくんだぞ。アオダイショウやシマヘビが多いから気をつけろよ。そして来年はひょうたん池のユキツバキに、君たちの泡の華を咲かせて見せてくれ。私は犬ヶ岳へのあの道をこれからも通い続けるだろう。登山道で逢うときがあったら、育ての親への挨拶ぐらいは忘れるな。

彼らは足を大地に踏みしめると、五回六回と飛び跳ね、かわいい目をくるっと回して藪の中に消えていった。私は翌年もまた次の年も、ひょうたん池のユキツバキの枝にたくさんの泡の華を見かけた。

すばらしき桃源郷

登山道は、伐開を開始してから二年目で犬ヶ岳まで開通したが、それは、私の遠大な構想のごく一部に過ぎなかった。最終目標は、日本海の荒波の打ち寄せる天下の嶮・親不知を起点に、県境尾根伝いに白鳥山、菊石山、犬ヶ岳、サワガニ山、黒岩山と結んで長栂山を越え、吹上のコルから朝日岳へ至る新コースの開設である。全長三十キロに及ぶアルプスと海をつなぐ遠大な縦走道を完成させ、アルプス登山のフィナーレに海水浴を楽しんで帰るというユニークなルートである。一九六七年に開通したアブキ谷とアイサワ谷出合いから登る三保倉コースは、犬ヶ岳まで七・五キロあり、菊石山にて栂海新道の本道と合流、つまり伐開した菊石山まではアクセスのための作業道となる。とすれば本道は、まだ菊石山と犬ヶ岳間の三・二キロにすぎないのである。

なぜ当初から直接本道工事を実現しようとしなかったのか。それはこの計画はあまりにも大規模すぎて、さすがの会員たちもついてこないだろうと考えたためである。そこで私は作戦を練った。まずは会員諸君に実現可能かつ意義のある目標を与えることだ。それが第一期工事として、青海町の最高峰である犬ヶ岳へ誰でも登れるような道をつくろうという目標だった。登山道の伐開については、すでに黒姫山の開発である程度の経験を積んでおり内容は把握していた。事実、この道ができるまでは、積雪期以外はひどい藪漕ぎを強いられ、相当山慣れした人でなければ無理だった。積雪期は積雪期で深い湿雪のラッセルに阻まれて、山麓から犬ヶ岳までは三日の行程になろう。あるいは谷を遡る方法もあるが、こちらも悪場の連続でかなりの体力と技術が必要とされ、容易には入れなかった。ちなみに加賀潘の奥山見廻り役は大平川をつめて登ったという記録が残っている。

かくして青海町では、自分たちの住む町の最高峰に登ったことのある人はほとんどいなかった。とくに登山道ができるまで、犬ヶ岳は女性未踏の山だったと思われる。

本道までのアプローチは短いほうがよいので、三保倉道は作業道として最短コースをとった。伐開作業は数日間山中生活するための装備や食糧のほかに、鉈、鎌、鋸、ツルハシなどの工具類と補修用具まで持たなければならない。それに、道標やベースキャンプ用の建設資材を合わせると重量も増してくるので、荷揚げにも大変な労力を必要とした。本道が開通すると作業道はいずれ利用されなくなるだろうが、しばらくはその存在価値が維持されるだろう。幸い三保倉道の登山口までは車道が入っていたので、資材運搬に自動車を使うこともできる。こうした事情を考えて、犬ヶ岳登山道を第一期工事として作業道を兼ねて三保倉コースを伐開した。

黒姫山に山小屋を建てたり、さわがに新道をつくったりしたのは、会員を本番に備えて訓練し、団結させる目的を持っていた。いわばテストと準備の期間である。このようにしてわが会は、黒姫山開発で小手調べをし、少しは自信らしきものをつけて犬ヶ岳への道の伐開に取りかかり、それを完成させると次の朝日岳を目指す方向へとシフトして行った。

犬ヶ岳頂上に立って南延稜を望めば、サワガニ山、黒岩山と延びていき、その先には広大な斜面に樹林帯と草原帯を断続しながら、どっしりした長栂山が構えている。その先の円弧状のなだらかな山容が朝日岳で、右手奥には毛勝《けかち》三山と立山《たてやま》剱《つるぎ》岳に大日《だいにち》三山が偉容を誇っている。この景観を見たら、誰でもこの道を延長して、朝日岳につなげたいと思うだろう。犬ヶ岳の頂上からは飛弾山脈の北延主稜が、痩せ尾根を経て広大な斜面を拡げる長栂山〜朝日岳に続いている。地質的にも有名な古生代飛騨外縁帯の青海蓮華変成岩に属し、県下最古の地層からなる。当時、北アルプス後立山連峰の一般登山道は朝日岳を終着としていたが、さらに延長できれば、登山者が青海まで足を延ばすことができるようになる。

私はまた、朝日岳〜長栂山周辺がどんなに素晴らしいところが、機会あるごとに会員に語った。とにかく、高山植物の豊富さでは他の追随を許さない地域だ。尾根筋の樹林帯は亜高山植生だが、残雪を遅くまで残す草原帯は同じレベルでも高山植物になるのも興味深い。長栂山、朝日岳山頂の北西側は岩屑原の風衝帯でほとんど雪をつけない。反対の南東面には大量の雪が吹きだまって万年雪の雪渓を残すことが多い。

長栂山北部のアヤメ平に咲くヒオウギアヤメの群落は、ここにしか見られない逸品である。黒岩平に広がるヌマガヤや、数年に一度お花畑を展開するゼンテイカやコバイケイソウも見応えがある。地質地形により、乾性、湿性の植生が棲み分けて、梅雨明けには一大桃源郷を見せてくれる。このお花畑に憧れて栂海新道を訪れる登

残雪のカスリ模様になった広大な長栂山の北斜面

山者も多くなった。積雪期には風雪に見舞われたり濃霧に巻かれたりすると方向感覚を失ってしまうほどの広漠とした緩斜面が広がっていて、春スキーには恰好のケレンデにもなる。

二重山稜の凹地や草原には池塘や池も多い。頂上付近の岩礫帯は、蛇紋岩、はんれい岩、片岩の破砕礫で、植生をまったくつけない裸地もある。岩礫帯にはタカネスミレ、ミヤマムラサキ、イブキジャコウソウ、ミヤマウイキョウ、シロウマシュロソウ、イワノツメクサ、ウルップソウなど乾性植物が点在する。遅くまで雪田を残す斜面には、チングルマ、イワイチョウ、ツガザクラ、ハクサンフウロが繁り、流水面にリュウキンカ、ミズバショウ、ミヤマアカバナ、そしてヌマガヤの根元にはミヤマリンドウ、トキソウの可憐な花がかくれている。西斜面に大群落をつくるキンコウカが北斜面にまったく見られないのも不思議だ。

長栂山頂上西側の窪地には、覆い尽くさんばかりにシロウマアサツキが群落をつくっており、葱坊主のような丸い薄紫の花には、タカネベニヒカゲ、ミヤマモンキチョウといった高山蝶がたわむれている。ミツバチはタカネバラが好きなのか、花冠の中にもぐって蜜を吸っている。ヒオウギアヤメは一定の場所に限定して群落をつくり、ほかの草花より開花時期が遅い。

黒岩山頂に立つと、北側はサワガニ山、犬ヶ岳、白鳥山へと細稜が蛇行しながら延びていく。標準的な非対称山稜が続き、三月から四月にかけて東側に見事な雪庇《せっぴ》を張り出す。南側は地形が一変し広大な緩斜面帯となる。樹林帯と草原帯が断続してカスリ模様のように見える。樹種は主にオオシラビソ（アオモリトドマツ）、コメツガなどの亜高山植物で、鋭く天を突く槍のようだ。濃緑の針葉を並べ、頂点に暗紫色の握りこぶし大のマツカサをつける。オオシラビソは、高位を示す代表的な標準樹種で、地元の焼山など新しい火山で形成された山には、これらの亜高山針葉樹帯分布がまったくないところもある。東北の山に多い、この欠落帯を偽高山帯と呼んでいる。

このあたりのシラビソは高度下限が一六〇〇メートル以下まで来ているが、黒岩平からアヤメ平の豪雪帯では背丈が短く、枝葉を風下の南東側に伸ばして風上側が短く枯れた髄が白骨化している。これは通称フラッグツリーと呼ばれ、方向確認の目安ともされている。

シラビソの樹間にはコメツガが散在し、短い針葉が左右に並んでドングリぐらいの小さなマツカサをつける。これらの樹々が氷をまとった春山の景観は絶品である。私はこの樹氷を見るために、中俣新道経由で一人ラッセルをしながら何度も登っている。草原の一部にはクマザサも繁り、林間には二〇〇〇㍍以上まではチシマザザがあって、そのタケノコはクマの餌になっている。

長栂山北斜面最終の高層湿原となる黒岩平では、道を覆うヌマガヤをサラサラと音をたててかき分けながら歩く感触がまた格別である。黒岩平の水流を追って下ると、やがて最後の高層湿原は沢水をデルタ状に拡散して一つの流れとなって消える。この平坦地の雪解けは七月上旬となるが、湿地帯にはまずミズバショウの大群落が現れる。北アルプス中どこを捜しても、これほど見事な群落はない。早春のミズバショウの盛りが終わると次にミツガシワ、リュウキンカ、ヒオウギアヤメに代わり、最後にワレモコウ、オニシオガマなどになる。つまり植種が時間差をつけて、三段階ぐらいに交代して棲み分けているのである。この現生花園が登山道を伐開したことによって荒らされることのないよう願っている。

かって、蓮華温泉から長栂山、朝日岳の桃源郷を抜けて小川温泉に達するスーパー林道の計画が新聞紙上に掲載されたことがある。もしこの計画が実現すれば、長栂山周辺はズタズタに破壊されて、有史以前からの宝が消えてしまう。これは座り込みをしてでも阻止しようとの強い決意を秘めていたが、この計画は、日の目を見ることなく消えてしまった。

第四章　盗伐容疑の成り果て

出頭命令

私は盗伐容疑者の主役として一年を過ごすことになる。その試練を乗り越えてこそ、長栂山の桃源郷に至ることができた。

犬ヶ岳登山道の地権者は、地元の共有地、パルプ会社の社有地、そして菊石山から犬ヶ岳までは新潟県側は私が勤務する会社の土地で、富山県側が国有林だった。犬ヶ岳頂上直下のジャンクションから先はすべて国有林になっている。伐開作業開始前に民有地はすべて許可を得たが、国有林内の立ち入り許可は受けていなかったので、菊石山から犬ヶ岳間の伐開コースはすべて社有地を通るようにして作業を進めた。しかし、頂上直下からはすべて国有林となるのは承知はしていたのだが、成り行きというか勢いで頂上まで開通してしまった。稜線には古いナタ目があったので、多分営林署の担当官が巡視するとき伐ったものだろう。県境に登山道があれば巡回するとき役立つだろうと勝手に思い込んでいた。

伐開を開始した一九六〇年代、正式な許可を得るための難関は、国立公園と特別天然記念物（白馬連山高山植物帯）ぐらいで、国有林内の入山許可はそれほど難しくはないだろうと考えていた。しかし、登山道を朝日岳まで伐開するにあたってどんな届出許可が必要かを実際に調べてみたら、意外と多分野に該当する役所があったのは想定外であった。国有林：高田営林署と富山営林署、国立公園：厚生省、特別天然記念物：文化庁と県教育委員会、保安林：県林業事務所、特別保護地域：県商工労働部、そして民有地は社有地・共有地となっていた。民有地は早々に許可を得ていたが、役所関係は七部内の許可が必要であった。

許可申請は、役場を通じて主だったところには提出してあったものの、まったくなしのつぶてであった。しかしいずれは許可がくるだろうし、多少越境したとしても大半は社有地を通るつもりだ。機は熟したと考え、職場の大勢の人たちの応援もあって、一年半ぐらいで開通した。

犬ヶ岳まで開通、第一段階の目標を実現して意気軒昂としていたころ、突然、富山営林署朝日町担当官から電話があった。

「もしもし、〝ザリガニ山岳会〟の会長ですか、聞きたいことがあるからすぐ担当官事務所まで来てください」

「まだ勤務中なので、終わり次第参りますから六時ごろまで待ってください」

この一本の電話が、有無をいわさず私を盗伐事件に引きずり込んでいった。友人の車に便乗して国道八号線を親不知、市振《いちぶり》と過ぎる道中、いったい何事なのだろうかと考えてみた。まだ登山道は頂上直下の一部をのぞいて国有林には入っていないはずだ。第一、あの猛烈な藪の中に道が通ったら営林署の担当官だって便利になるんだから、これは意外にも表彰でも受けるかもしれないぞ。なるべく楽観的に考えようとするが、やはり不安な気持が強くなる。

あの電話は出頭命令であって、内容を確認できるような雰囲気ではなかった。あの道はいまだ誰も知らないはずなのにおかしい。俺たちの夢は北アルプスと日本海を登山道でつなぐことだ。この夢の実現に、会はその青春をかけて汗まみれになってやっているのだ。入山のための休暇はすべて年休で処理し、資材も弁当も自分持ちだ。補助金をもらって依頼されてやっているのではない。登山道が開通すれば、登山者のみでなく学術調査にも役立つはずだ。叱られる理由はなにもない。

やがて、町外れの担当官事務所に着いた。緊張した気持で玄関に入ると、可愛らしい女の子が飛び出してきた。子供との会話で気持ちも少しほぐれた。事務所と住居が一緒になっているので、若い奥さんも現れて挨拶を交わした。

司法警察官と容疑者

「君たちはなぜ、無断で国有林を伐ったのですか」

一歩足を踏み入れたとたん、担当官の詰問がとんできた。予想をはるかに越えた厳しさである。西側は当初朝日町の町有地であったが、その後に国が買収して林野庁の管理になったという。登山道のルートは社有地側にとったが、万一の越境に備えて入山許可の申請は出していた。しかし、田舎の無名の小さな山岳会から申請があっても、すぐ受理されることなどありえないのだろう。担当官によれば、ところどころで越境しているという。とはいっても、尾根筋の境界など誰がどのように決めるのだろうか、おそらく山勘でいくしかないのだから、国が一方的に決められるべきものではないのではないか。

わが会がこの大仕事に取りかかっていたころ、富山営林署では、国有林と民有地の境界を明示する標識杭を立てるため、民間業者に請け負わせたのだという。作業の入山道は大平川より北沢沿いにつめて、菊石山の北部で稜線に合流した。菊石山まで伐開しながら到達すると、そこから先に立派な道があったので業者は驚いた。さっそく営林署にご注進という次第だが、犯人は山頂の標識を見ればすぐわかる。富山営林署では、さわがに山岳会とはいかなる会であるかと身元調査の照会をした。かくして奉仕者の名前も連絡先もたちどころに割れてしまったのである。

担当官にすれば、自分の管理する国有林が勝手に伐られているのだから、これは由々しき事件だと驚くのは当然だし、私にしてみれば、社有地も共有地もすべて許可を得ているし、国有林にはみ出していないと確信していたのだから、なぜ呼び出されたのか半信半疑で、腹立たしい思いで出頭している。この杭打ち工事は、境界とおぼしき線を伐り通して道をつけながら進む工事なので、既設道を利用しての作業となって、工期を大幅に短縮できたはずである。とすれば、工事経費も節減できたわけだから国家に貢献したと見ることもできるだろう。しかし、そんな甘い考えはまったく通用しなかった。

私のいったことはすべてメモされ、何度も確認された。まるで検察官が容疑者を取調べる感じで、テレビドラマを見ているようだった。こんなやり取りは私にとっても初めての経験なので、いささか面喰らった。以前より、越後山岳界の元老・藤島玄《げん》氏からは、「男一匹一旦緩急あるときは誠心誠意嘘をつけ」と教えられていたが、この言葉の真意を、腹の底をぶちまけて自分の夢をさらけ出してしまえ、ということだと解釈していた私は、登山道伐開事業の狙いを熱っぽく語った。

担当官の疑問の一つは、富山県側観光業者の邪推を根拠とするものだった。もちろん、司法警察官たる人が、そのまま鵜呑みにして信じることはないだろう。しかし、彼らは巷の声を無視することもできないだろう。

その疑いとは、北アルプス朝日岳まで縦走してきた登山者が、それまでは朝日小屋経由で小川温泉に下るか、蓮華温泉に下るかいずれかであったのに、栂海新道が開通すれば直接青海町に下山してしまう。親不知から登る逆コースでも同じことがいえるが、実際は大方は朝日小屋に宿泊しなければ縦走は困難なので、心配するには及ばないのだが。そして、さわがに山岳会の伐開作業は、自発的に無償でやっているわけがない。青海町の観光業者が影で操っているに違いない、というわけだ。

それにしても、なんとみみっちい想像か。

私たちにはそんなケチな考えはまったくない。わが会はこれまで人のためになること、世のためになることをいささかやってはきたが、決して代償を求めたことはない。これが、わが会の誇れるところだと自負している。地元の観光業者に操られて、登山道を開けるなんて考えたこともない。この仕事は金をもらってやるには厳しすぎる。この重労働に耐えられる業者なんているはずがない。

私は担当官に一生懸命、わが会の「アルプスと海をつなぐ夢の登山道を拓く」という計画を説明した。これまでひどい藪漕ぎを強いられた郷土の山に、すたすたと抵抗を受けずに登ってみたかっただけだ。会が開いた道を誰が歩こうと、幾人来ようと、それは私たちには関係ないことだ。飛騨山脈の主稜線上に日本海へ達する登山道が開通すれば、ここに興味を持つ登山者も増えるだろうし、大勢が訪れるようになれば隣町も賑わう結果になるだろう。私の気持がどのように受け止められたかはわからなかった。担当官は「この次は現地の伐木調査に立ち会って確認した後、本署に出頭してもらうことになるでしょう」といった。

栂海新道開通後、朝日町の議会はこのコースを廃道にするよう決議して、青海町に要望書を二回も提出した。これには、青海町として受け容れられないと返答したと聞く。

帰りの車中、私は憂鬱だった。明らかに無断伐採という容疑者の扱いを受けているのだ。書類送検になれば、最悪の場合会社をクビになるかもしれない。もちろん、わが会の計画は工事中途にして挫折するだろう。そして一番気になったのは、仲間まで共犯者として巻き添えにしてしまわないかということだった。あんなに純粋な気持ちで頑張ってくれた仲間たちに汚名を着せることにならないか。盗伐の罪を着るのは絶対に自分一人でなくてはならない。これはリーダー責任である。若い彼らの未来を汚されてはならないのだ。

前科者を会社が雇っておくわけないから、全員がクビになるかもしれない。会社にとっても、彼等はかけがえのない有能な人材なのだ。あれだけの積極性と根性を持った男たちは、そうザラにいるものではない。会社に対しても損失を与えることはできない。いざとなったら一人で切腹して、類を他に及ぼさないようにすることだ。

しかし覚悟は覚悟として、最後まで人事を尽くさなければならない。できるかぎりの努力をして、駄目なら自分一人で引き受けよう。考え込んでいるうちに家に着いた。娘の泣き声に、ようやくわれに返った。俺が前科者になり会社をクビになったら、この社宅ともお別れだ。娘はどこへ行くことになるやら……。

北又谷での苦闘

数日後、伐採木の現地調査に立ち会うようにという命令がきた。いよいよしぼられるときが来たと思った。どうせ現場には行かざるを得ないにしても、営林署のお役人に従って罪人のように山へ入るのはいやだった。お役人のお供は田鹿健治に頼み、私は斉藤渡と二人で一日早く入って北又小屋に泊まった。一九六〇年代の北又小屋は谷合いの川岸にあって、日が差し込まず薄暗い感じであった。夕食には魚止ノ滝で釣ったばかりの、尺物の岩魚の塩焼きが出された。現在の北又小屋は、北又ダムの工事でダムサイトに建てられたもので、タクシーが小屋まで入り、朝日岳登山基地になっている。

早朝に出発し、北又谷を遡行して犬ヶ岳に向かった。靴を地下足袋にはき替え、右岸左岸と腰までつかって徒渉を繰り返す。北又谷は、相変らず清冽な水を奔《はし》らせていた。この谷には思い出がある。もはや山で逢うことのなくなってしまった昔の山仲間の顔が浮かび、青春の日への感傷が心をよぎる、自分が今どんな目的でここに立っているのか、一時的にせよ忘れることができた。やはり山はいい。

衣服をザックに詰め、パンツ一丁での遡行となる。途中、川原で暗緑色に輝くヒスイの一種である軟玉を発見したが、犬ヶ岳に登って担当官と合流するため持ち帰る余裕はなかった。恵振谷の出合いで長瀞に達した。ここは幅数メートルの岩壁で、まともには遡れない。そこで左岸を高巻き、その先で本流に出ることにして、古いハーケンにザイルをかけて下降した。二人そろってゴルジュに立ったので、ザイルを回収しようと引いたが動かない。斉藤が再び登りだして、ザイルを岩角にかけて下り始めた。私は真下で写真を撮ろうとカメラを構えていた。

そのとき、ファインダー越しに彼が空中を舞っていた。すごいスピードで降ってくる。思わずカメラを投げ出して、その手で受け止めたが、とてもキャッチボールのようにはいかない。私はショックで流れの中に尻もちを着き、彼は岸辺のガラガラの石の上に投げ出されてしまった。とっさに受身の姿勢をとったので大事には至らなかったが、手を痛めてしまった。私は踏ん張ったときに足を捻挫したようだ。

負傷したからといって、簡単には退却できない事情がわがパーティーにはあった。犬ヶ岳に現地調査のために待っている営林署のお役人をスッポかしたら、盗伐容疑のほうは自ら情状酌量の余地を閉ざしてしまう。

私たちは再び遡行を開始した。二、三度泳ぐようにして、深い淵を突破し魚止ノ滝に出る。U字状に削られた魚止ノ滝は、豊かな水量が一気に滝壷に落ち込んで渦を巻いており壮観である。この負傷パーティーでは滝を乗越すことは困難なので、滝壷を泳いで対岸に渡り、ここからナタ目を頼りに白金ノ頭から吹沢を目指すことにした。しかし足の痛みは激しく、どうにも登れそうもない。すでに日はとっぷりと暮れ、このぶんでは犬ヶ岳にたどり着くことなど思いもよらない、背中のザックには、担当官と掘立て小屋に同宿して夢を語ろうと用意してきた生肉とビールがどっさりと重い。

失敗した北又谷遡行の魚止ノ滝

お役人と同行した健治は日帰り予定だから、彼が下山してしまうと食糧がない。かといって、今さらどうにもならない。最初から素直に同行していたら罪一等を軽くしてくれたかもしれないと馬鹿なことを考えたりもした。それより食糧を補給してやれなければ、担当官は調査せずに下山せざるを得なくなるだろう。なんとか早く連絡を取るために下界に戻らなければと急いだ。

途中、狭い衝立の間を流れる長瀞は、ザックを背負ったまま急流に身を任せて流された。ザックが浮袋の役目を果たし誠に気分がよく、一分もかからずに通過できた。流されながら足元を見ると、北又小屋で食べたような尺物の岩魚がチラチラ見えた。

北又小屋のトラックで送ってもらい、担当官事務所に顔を出してみたが、やはり帰っていない。青海町に戻り、すでに下山していた健治に状況を聞くと、私たちが来ない場合を想定して食糧を切り詰めていたとのことだった。なんとか切り詰められそうだったとのことで、ひとまず安心できた。さすが山を職場とするプロである。

もはや夜も更けているので、家に戻って明日の行動を考えていたが、足が痛んでとても眠れるものではない。不安な一夜が明けるのを待って、オニギリをたくさん作って現地へ急ぐ。しかしいろいろと努力してみたが、いずれも無駄なあがきに終わり、結局営林署の担当官に会うことはできなかった。ひとつろくでもないことが起きると、次々に関連し、悪いことは積み重っていくものである。

営林署の第一回目の現地調査はこのようにして終わった。その後、高田営林署に出頭して状況説明をし、高田、富山両営林署には上申書を提出した。青海町職員が同行して富山営林署に陳状した際に話したことが記録され、内容を確認された。いよいよ無断伐採事件も核心部となり書類送検される雰囲気も見られた。数日後、町長名で両営林署に陳状書を提出した。

事情聴取を受けてから二週間後、犬ヶ岳頂上付近の国有林伐採立木現地調査立ち会いの要請があった。これには高田、富山両営林署の担当官が現地入りした。このときは前回のこともあるので、最初から素直に斉藤と二人で同行した。犬ヶ岳直下の切株だらけの仮小屋に二泊。調査は当初新潟県側と富山県側の担当官が、各県側に生えていたと思われる伐採木を記録していたが、在籍不明なのものがあって仕分けがなかなかうまくいかない。生まれは富山県でも育ちはたいてい新潟県側になっているものが多い。木々も積雪や風向により矮性となって伸びているので区別がし難い。途中で担当官の間で話し合いがされ、一括富山県側で集計することになった。伐採木は木種により三種に分けられる。すなわち針葉樹、ブナ・ナラ、そしてそれ以外の雑木に仕分けされて太さを測って記録される。私は担当官が命の次に大事にしている「済」という刻印ハンマーを切株に打込んで調査済の証とした。三種に分類する理由を尋ねると、樹種により単価が異なるという。つまり、伐り払った立木の総金額を算定するためなのだ。その金額を私に請求してくることは想定内のことだが、担当官はなにもいわなかった。

われわれがこんな無許可伐採をしなければ、わざわざ犬ヶ岳まで来て調査の必要もなかったわけで、お役人としては苦々しく思っていたはずだがそのことについてはまったくふれなかった。叱られたほうがまだ気が楽なのに、黙々と調査しているのを見ると、申し訳けなくて気が重かった。

それでも、居心地の悪い掘立て小屋で、二晩寝食をともにしながら語り合って、少しは私の夢を理解して頂けたのではないかと思った。一日の仕事を終えた夕食のひととき、私がライフワークとして取り組もうとしている、アルプスと海をつなぐ夢の縦走道の開設を熱っぽく語った。日本の屋根を三〇〇〇㍍から〇㍍に達して、

無許可伐採の現地調査立ち会いのため営林署担当官に同行

日本海に飛び込んでフィナーレを飾れる登山コースはここにしかない。こんな調子で二晩を過ごし、調査山行は終わった。

調査を担当した高田営林署の杉岡担当官とは、その後も四十数年間交信を続けている。富山営林署の細江担当官はその後、越道峠付近で仕事中の交通事故により若くして殉職された。

供述調書

いつ呼び出されるか気にしながら過ごす日々は愉快なものではない。とうとう呼び出しの日となったが、青海町の小野助役（後に町長）さんも同行してくれたので心強かった。営林署の担当者から、伐採作業の実施状況、諸官庁への申請手続きの経緯、登山道への考えなどを聞かれ、それが終わると別室で供述調書をとられた。「答えたくないことは話さなくてよい」といわれたとき、これはいよいよ犯罪者扱いだと思ったが、それでも聞かれたことは余すことなく答えた。供述調書には次のように書かれている。

「右の者昭和四十三年八月十三日富山営林署において、本職に対し任意左のとおり供述した。

一、私は国有林の境界附近を無断伐採したについて、お尋ねにより当時の模様について申し述べます。

二、私は犬ヶ岳登山道の開設を昭和三十六年頃考えました。

三、四十一年さわがに山岳会では私有者に対して了解を得て実行しました。

四、当初は民地を伐開する予定でおりましたが地勢上他県の境界付近へも一部入りましたが国有林とは知らずに隣町のものだと思いました。その時点では境界は伐開しても問題ないと考えていましたが、今から考えればそれが間違いのもとだったと考えています。

五、四十二年には犬ヶ岳まで伐開しました。その時も四十一年伐開のときと同様な考えで実行しました。

六、四十三年に沢蟹山（一六一二メートル）以南は国有林にはいりますので、高田営林署へ伐開申請をするよう町役場へ話しましたので、町長名で申請がなされました。

七、四十三年は犬ヶ岳から一六一二㍍三角点まで六月に伐開しました。

八、国立公園は許可がなければ伐れないことは知っていましたので公園界まで伐開しました。この区間はその伐開前に登山者が相当量の伐開をして、ある程度通れるようになっておりました。伐採木はハイマツ、シャクナゲ、ブナのようなものばかりでした。

九、町の補助金として観光協会を通じ、三万円を受けとりましたが、これはコンロと背負子等の装備費にあてました。

十、営林署へ申請すれば富山営林署管轄の分も調整してもらえるものと考えていました。しかし正式許可前に伐ったのは国立公園界までは青海町の山林だと考えていたからであります。

十一、町役場より高田営林署への申請は、一六一二㍍峰（沢蟹山）以南と思っていましたが、実際の申請書は犬ヶ岳以南として出されていました。

十二、一六一二㍍峰以南については許可がなければ絶対にはいらない考えでおりました。

十三、今後は二度とこのようなことのないよう充分気をつけますから、よろしくお願いします。

右のとおり録取し、読み聞かせしところ誤りのないことを申し立て署名押印した」

これは、三十五歳の生涯で初めて体験した国家権力の威圧である。得体の知れない不安、いやそれは恐怖に近いものであった。

通いあう人間共感

とうとう営林署の裁定が下された。それは盗伐でなく誤伐という認定で、再発防止への厳重注意書と始末書の提出、そして国有林に損害を与えた弁償金の支払いによって、犯罪人の烙印を押されずに解放された。

思えば、夏の暑い盛りに初めての呼び出しを受けてから弁償金の支払いまで約七ケ月間、犬ヶ岳の紅葉も過ぎ、山々は白銀の世界に変わっていた。いったいどうなっていくのか見当もつかない日々を送っていても、いつかある日、初志貫徹の夢を捨てたことはなかった。

第一回目の現地調査は菊石山から犬ヶ岳まで行われている。このとき、太いブナの切株には調査済の黒字ナンバーマークが打ち込まれていた。そして富山営林署は業者を介して、わが会が伐開した登山道沿いに境界杭を打ち込んだが、民有地内を主体に拓いた道を一方的に県境としてよいのだろうか。業者は既設道の利用によって労力を軽減し、工期を大幅に短縮して完工している。

犬ヶ岳以南の伐開区間はいまだ調査されていなかったので、第二回目の現地調査が行われることになった。この区間は県境の国有林となるから、高田、富山両営林署から担当官が現地に入り、わが会は前回と同じく私と斉藤が同行した。北又谷遡行で懲りているから、今回も素直に同行した。

現地調査の登山コースはわれわれが伐開した三保倉作業道を通らず、大平川〜北沢〜菊石山の営林署作業道を登る。われわれの新道のほうがはるかに歩きやすいのに、営林署の作業道にこだわるのは、やはり調査登山が自分たちの業務であるとのプロ意識か。北沢のガラ場を登っているとき、このあたりはアンモナイトの化石が多く、本来ならザックを下ろしてじっくりと捜したいところだったがそうもいかない。

菊石山を下るとブナの原生林が繁り、植生も少しずつ高山帯に変化していく。山小屋に近づくとダケカンバが現れ、ミネカエデ、ナナカマド、ツリガネツツジが多くなり、地面にはシラネアオイ、イワカガミ、タカネマツムシソウなどが見られる。振り返ると、飛騨山脈北延主稜の山並みが白鳥山を経て日本海に向かっていた。

かなり日も傾いたころ、犬ヶ岳頂上直下の作業小屋に着いた。とはいっても丸太を数本立て、周りをトタンで囲った掘立て小屋だ。藪刈りを中断していたので、切り株から芽を吹き、日陰にはタケノコが無数に生えていた。「さわがに山岳会作業所」の赤旗が小屋の入口で風に吹かれてはためいている。

しばらくは無言の休息、四人だけの静寂な世界である。立場は異なっているが、たしかにいる人間同士の親しみといったものが、小屋の中に漂っているようも感じた。営林署の事務室で四人がこのように座を占めても、こういう雰囲気は絶対生じないだろう。山とは不思議なところである。

小憩の後、日没前に頂上で展望を楽しもうと、四人は目の前に聳える犬ヶ岳へ登った。眼前に展開する日本アルプス北縁の山々を見て、二人の担当官はなにを想ったであろうか。私たちは、これまで道を拓いた者として過大に評価しているかもしれないが、それを割り引いても超一級品だと思っている。二人がそう感じてくれたら、さわがに山岳会がここに登山道を拓きたい気持ちを理解してくれるだろう。

「よくここまで道をつけましたね」

「大変だったでしょう」

ここまで引っ張り出されて苦々しく思っているに違いないと考えていたので、彼らのこの言葉はむしろ意外であった。人間の暖かさにふれたうれしさで、内心ほっとした。

私は、残照に光る長栂山、朝日岳への山並みを見て、われわれを呼んでいるように思えた。そのとき、なんとしても道を朝日岳へつなぐぞと決意を新たにした。

小屋に戻ると、下界でも山でもやったことのない食事の仕度をした。もちろん、大半はこまめな斉藤がやってくれたが、ここまでご足労いただいた二人のお役人へせめてもの心づくしだ。持参のビールを飲み、そして伐採作業のときに残したウイスキーを追加する。被告の立場を忘れ、酔った勢いで私は夢を語った。なんとか親不知から朝日岳まで登山道を開通したい。願わくば理解と協力して頂きたい。ますます多弁になり熱を帯びてくるのが自分でもわかった。しかし二人のお役人は厳しく節度を守り、自分の一人芝居のようにも思えた。

頸城山群の峰々に赤味が増してくると、爽やかな朝が訪れる。やがて初雪《はつゆき》山に朝日があたり、犬ヶ岳が北又谷に影を投げる。小鳥の声も賑やかになって目覚めを爽快にする。登山の目的は違っても、人の心を洗い清めずにはおかない一瞬である。

昨夜の私の多弁も単なる泣き言と受け取られたかもしれないが、いうべきことをいって晴々とした朝だった。新鮮な山で軽罪を哀願するほどケチくさくはない。立場の異なる人に、こんな状況のなかで私の夢を心ゆくまで語ったことでよいではないか。幸いにして共感を得られたら、それは素晴らしいことだ。

朝食がすむと、いよいよ伐木調査にかかる。測定箇所は地上から一・二メートルのところの直径を折尺で測る。測定状況については前述したので省略するが、矮性低木のため測定規格に合致するものが少なかった。つまり柴木が多かったということになる。

二泊三日の調査を終えた下山の足どりは軽い。これで現地立ち合い調査はすべて終了。あとはその結果を待つばかりだ。誤伐の判定はすでに出ていたが、弁償金は今回の測定で木材容量を出して決定されるのだ。伐木がどのぐらいに認定されるかわからないが、それはまったく気にしていない。しかし、私はこの山行で何か大きな収穫を得たように思う。

一つ目は、刻印ハンマーを命の次に大事にして仕事をする厳しいプロ意識を教えられた。二つ目は、いわば罪を犯したわれわれと、それを取調べる彼らと、まったく立場を異にする人間が、膝を交えて同じ釜の飯を食って話し合った短い時間のうちに、不思議な人間共感を通わせるようになったことだ。世の中には立場の相違が無用に対立感情をむき出して争いに発展することが多い。

ここまでくれば、どんな裁定を受けようがいいではないか。もはやまな板の上の鯉になる以外にない。どうにもならないことをくよくよ考え込むのはやめよう。それよりも人間として心に二つの貴重なもの得たことを喜びたい。私は、登るときとはうって変わって爽やかな気分になっていた。

その後の経緯は、一九六八年の現地調査から三ヶ月経過して厳重注意書を受け、富山営林署へ始末書を提出。一九六九年初めに請書を出したが、内容は伐木二九三本、伐木石数七立方㍍分の代金を国庫金として銀行に振り込んだ。しばらくは焼き鳥屋通いも自粛し、小遣いを減額しながら異常出費に対処。これでこの盗伐いや誤伐事件は一件落着となった。

もちろんこれですべてが終わったわけではなく、私にとっては夢の登山道実現のためのスタート地点に並んだにすぎない。まずなんとしても許可を得なければならない。今度はすべて青海町役場を通じて各官庁へ許可申請をした。五つの役所に対する申請だから、短期に認可されることはないだろう。それを側面から促進できないかと調べているとき、画家にして登山家でもある岡部一彦氏を山と溪谷社より紹介されたのでお願いした。話が東京都山岳連盟にも伝わって、最終的には国立公園を管轄する厚生省（現在は環境省）が理解を示し、三ヶ月あまりで最初に国立公園担当の厚生省より「収国第四五五号」、厚生大臣の名で許可が下りた。

そこには、

一、開設に伴い支障となる草木の除去は、必要最小限の枝打ち刈払いにとどめること。

二、地形の改変は行わないこと。

以上の条件が付されていた。

さらに二〜三ヶ月遅れて、国有林入林許可（富山営林署）、特別天然記念物歩道新設（文化庁）、保安林内登山歩道開設（県林業事務所）、国有林野使用許可（高田営林署）、特別天然記念物高山植物帯現状変更（県教育委員会）、特別保護地域（県商工労働部）、それに民有地の橋立・上路共有地代表、社有地（木原造林株式会社・電気化学工業株式会社）などすべての関係官庁と民有地の許可を得た。こうなれば藪刈りに不安はない。現地に許可ナンバーを記した錦の御旗を風になびかせながら、伐開は再開した。

犬ヶ岳に山小屋を

誤伐事件があってから、伐開作業は中断せざるを得なかった。再開の目途も立たないまま連日対応に追われていたが、会員たちをこのトラブルに巻き込むことはしなかったので、藪刈りに対する志気は残されていた。このせっかく盛り上ったエネルギーを放置したままではもったいない。そこで私はまた考えた。親不知から朝日岳に至る遠大なコースに、宿泊できる避難小屋がなければ一般向けの縦走登山道にはならないだろう。このコースをストレートに踏破できる健脚者は少ない。将来、全コースが開通したら、中間位置である犬ヶ岳に避難小屋が必要になるし、登山道の伐開整備のベースにも利用できると考えたのだ。幸い藪刈り中断によって会員の手は空いていた。事件の顛末に追われている間に山小屋を建てようと、早速準備にかかった。

犬ヶ岳に山小屋ができれば、藪刈りの快適なベースキャンプになるし、登山道が開通すれば登山者の宿泊施設として利用できるだろう。この小屋は栂海山荘と名づけられ、この先の伐開作業の基地として大いに役立ってくれた。

栂海山荘は、犬ヶ岳頂上北側直下の鞍部を整地して建設した。積雪期に何度か下見に登り、雪量や押す方向などを確認して最適地を選んだ。この土地は私が勤務していた会社の所有地で、事前に了解を得ていたが、近年は毎年土地使用貸借契約書を交わし、無料で使用させていただいている。「栂海山荘」の名称は、当時私の職場の上司であった富樫部長が「小野君、小屋より山荘にした方が豪華に感じるよ」といわれたので、本来は掘立て小屋なので栂海小屋にしようと思っていたものを、外聞も無視して栂海山荘にした。おそらく、国内で最もみすぼらしい山荘でないだろうか。

山小屋の建設自体は、すでに黒姫小屋で経験済みだから自信はあった。しかし今回は、資材運搬距離も長いうえ資金も高額、黒姫小屋とは比較にならないほど負担が大きくなる。山荘の材料を鉄骨にしたので、現地までどのようにボッカするか頭が痛かった。車で橋立の集落まで運搬しても、荷揚げ距離は十キロあまりある。こうなればどうしても車が必要となる。私はすでに小屋の材料で使い果たしていた財布を逆さにして、なけなしの予算でポンコツトラックを買い入れた。ボディーが少々腐蝕していたので、黄色と青のツートンカラーに塗り、さわがに山岳会と大きく書き入れたらなにやら建設会社のトラックらしくなった。このオンボロトラックは資材や人員輸送のほか、ボッカのアプローチ短縮にも役立った。ときには会員のデート用にも使われたり、親不知までドライブがてら海水浴にと洒落こんだりしたので、会のPRにもなった。さらには職場でもダイナマイトの運搬用に使われ、やがてエンジントラブルを起こして、その使命を充分果たして廃棄された。多謝々。

山小屋建設の資材は重量にして一七〇〇キロ。これを一人五十キロにまとめ、のべ一二〇人の肩で担ぎ上げた。不公平にならないように、職場の体重計を登山口に持参

荷揚げ資材運搬用に購入したオンボロトラック

して厳密に計量してパッキングした。小屋の建設場所までは二日から三日かかり、途中で幕営しながらのボッカになった。このころ、わが会に憧れて仲間入りした高校山岳部出身の新人も、一気に五十㌔を背負わされるさわがに山岳会のシゴキには耐えられず、去っていった。

いよいよ本格的にボッカを始めようというときになって、戦力の中心的存在だったリョウが、独身寮でレスリングの真似事をして骨を折ってしまった。これから大仕事だというときに、なんてことをしてくれたのかと苦々しく思っていると、レスリングの相手だった園田が、その窮状を察知してかボッカに参加。彼はリョウより少し若く相当な馬力の持ち主で、その活躍は目覚ましく、充分に代役を果してくれた。

重量長尺物のボッカは、ブッシュに引っかかったり、急坂でバランスを取るのが難しい。黄蓮山の登りは直立で歩くのが困難なため、厚手の手袋をして四ん這いになって登ることになる。

このときの斉藤のリーダーシップは、今でも語りぐさになっている。みんな荷を放り出して、再起不能といった顔であえいでいた。たらたらと文句を並べて動こうとしない。とにかく誰もが疲労でストライキ寸前であった。そのときである。斉藤が鉄骨を背負って猛烈な勢いで登りだした。「これぐらいの荷でへばって、いったいどうするんだ！　登れないやつはやめてしまえ」と叱咤激励して、急坂を一人でぐんぐん登っていった。しばらくは呆れたような、また放心したような顔でこの情景を見ていた若い連中も、われに返ったように荷を担ぎ、いっせいに後に続いた。急坂のガラ場を、長尺大荷をゆさぶりながら気合いを入れて登る様は勇壮である。そこには、先輩の誇りと後輩の意地とがからみ合う一体的行動があった。さわがに山岳会魂を感じてうれしかったのを覚えている。

かくして黄蓮山の急坂を登りきった。男はどんなに辛くても泣きごとをいわないことを若い会員たちは学んだはずだ。この日から会員一人一人の根性に、もう一本重い筋金が通ったような気がする。

荷揚げが完了すると、休む間もなく山荘の建築にかかる。すべて会員の手作りである。鉄骨が組まれて外壁の一部が取りつけられた日、うれしくてザックに足を入れ、みんなで星空を眺めながらオープンハウスの初夜を明かした。土工、大工、鍛治屋と役割分担して、多能工の技量をいかんなく発揮していく。とにかく、外装工事は一九六九年七月に開始して、中二階付十二平方㍍のベースハウスは完成した。内装工事は材料を荷揚げしながら毎年整備していった。

栂海山荘完成のころは、許可申請の検討真っ最中といったところだった。伐開作業休止中、登山道の中間地点に避難小屋を建てたことは、その後の大プランを推進していくうえで大きな意義を持つことになった。まさに怪我の功名だろう。

その後、栂海山荘は登山者の増加に伴って増改築を重ね、現在では二階付五室で約五十名を収容できる立派な宿泊施設になっている。すなわち、一九七八年に隣接して栂海小屋、一九八一年に山荘増築、栂海小屋が倒壊し南側に隣接増築、二階増築、炊事場と管理人室の増設等々、四十年間に十回ほど増改築を実施した。かくして栂海山荘の変遷はそのまま栂海新道の推移につながっている。

結局、一九六二年より十六年間に、黒姫小屋、栂海山荘、さわがに小屋、栂海小屋と四つの小屋を建てた。現在、栂海山荘とさわがに小屋のみ残って、他は倒壊してしまった。さわがに小屋は三保倉道登山口に建て、前泊して早発ちし、作業時間の延長を計った。それまでは、会社の発電所堰堤合宿所を利用していたが、迷惑をかけるので自前の小屋を作ったのである。栂海小屋は、山荘が混雑するようになっ

現在は50人収容できるまでに増改築された栂海山荘

たので、会員専用の小屋を山荘に隣接した。ときにはイビキ専用の泊場にもなった。一九九三年には、山小屋の東側に青海町がヘリポートを新設して、非常用に備えている。

振り返れば、最初の栂海山荘建設からすでに四十一年を経過して、この間どれだけの登山者が利用して思いを残して去っていったか。そこには永い栂海山荘物語が展開している。

クマについて、再び

犬ヶ岳は四方に分流する似虎谷《ねごや》大平川、西俣小滝川、アイサワ青海川、北又谷黒薙《くろなぎ》川の源流で、加賀藩国境の鬼門の一山になっていた。当初、似虎谷源流の沢水を栂海山荘の水場として利用していたが、足場が悪く危険なため、後日この水場は断念した。

その似虎谷を下ったときのことである。圏谷状のガラ場を過ぎると、やがて砂岩、黒色頁岩《けつ》のU字状の谷が現れる。両岸はスラブ状の岩壁にわずかに草がついている程度で、流水のあたりは平滑に磨かれて水苔が付着している。ここでは、みんなおもしろそうに流水の中を尻滑りで下る。その先では一気に滝の連続する難所に行き当り、登攀用具を持たない荷揚げスタイルでの下りでは苦戦を強いられた。

すでに紅葉も終わるころで、谷を渡る風も肌に冷たかった。高巻きでスラブ状の壁を這い登っていると、足元にはすさまじい五段滝が轟々と水しぶきを上げている。わが会は、会名にふさわしくみんな横這いがうまく、難なく通過できた。続いて鋸の歯のような痩せ尾根を通過。かくしていくつかの滝をこなして発電所の堰堤に着いたのは夕方に近かった。

この先うんざりするほど長い林道歩きが待っているのだが、危険なところはまったくない。ひと仕事片づけた後の解放感に疲労がのって出てくる。いつもの下山時の倦怠に身を任せて歩いている。若い連中は一団となって先を行く。

すると右前方に豪快に藪を漕ぐ音。そして五㍍ばかり先に黒い塊が二つ現れた。薄暮のなかだが、なんでこんなところにウシがいるのだろうと目を凝らすと、すぐ前に親子連れの熊が二頭いるではないか。お互いに一瞬驚いたが、こんなときは、まずは出逢いの挨拶をすることにしている。

「やあ、しばらく。これからどこへ行くの？　南のほうにドングリやヤマブドウがあったから行ってみたら」

親グマが人の言葉を理解できたかは知らないが、子グマが私のほうに向かってくる。親は声を出して制止するのだがいうことを聞かない。懸命に先導するうち、子グマは私のほうと親のほうを見比べながら、それでも少しずつ私から離れ始めた。親グマは振り向いて、私の方に前両足を上げて「グワグワ」と大声で威嚇する。子グマを引導するためのジェスチャーか、それとも自分の縄張りから早く出て行けということだろうか。しばらく私の前で、親子の対話がなされていた。あれが人間というやつだが、俺たちを見るとすぐ鉄砲で撃って殺したがる者が多いのだ。そこにいるのは、そういう野蛮なのとは違うようだ。よく見分けてやたらと凶暴になったりしてはいけないよと、教えているようにも思えた。

クマは二年間その子を連れて教育するという。これからたっぷり食べて皮下脂肪をためないと越冬できない。子グマよ、来年にはまたひとまわり大きくなって逢うことにしようと、私のほうを振り向いたときに人間の言葉で話しかけた。

写真に撮ってやろうと、私の荷物を持って先行している連中に「クマがいるからカメラを持ってきてくれ」と怒鳴ったが、彼らが戻ったときにはすでに藪のなかに消えていた。

十二月初旬、新雪に覆われている白鳥山に単独で登った。駐車場には富山ナンバーの車が停められていた。先行者がいればラッセルしてあり助かると思いながら金時坂を登り、雪で埋まったシキワリの水場を過ぎて尾根道に出ると、二人連れが休んでいた。短い袋を背負っていたが、気にもせずに挨拶を交わして先行する。その先は踏跡もなく、一人でラッセルをしながらの登行となった。

しばらく歩くと、先に鮮血に染まったクマの足跡が続いていて、それは藪のなかに消えていた。明らかに手負っての血痕だった。そろそろ冬眠に入ろうというところをさっきの連中に襲われたのだろう。苦しいだろうなと思いながら、追い越してきた連中に対して腹が立った。連中が持っていたあの袋には、ライフルが短く収納されているのだろう。早々に下山して抗議しようと思ったが、残念ながら連中に会うことはなかった。駐車場にはまだ車があったから、山中であの血痕を捜していたに違いない。

車のナンバーをメモして、下山後、町役場になぜ駆除の許可をしたか確認したところ、山中のクマを撃つ許可は出していないという。彼らはモグリで撃ったのだ。会ったときの態度がよそよそしかったので怪しいなと思ったが、やはり無許可のハンターだった。

あれだけの出血では、いずれにせよクマは助からないだろう。ああいう心ないハンターが動物を絶滅に追いやっているのだと思うと、無性に憎らしくなってきた。

一九六七年、伐開最初の目標である犬ヶ岳に達したとき、協力者や関係者を招待して犬ヶ岳登山道の開通式を行ったことは先に述べた。全山紅葉の山に入るのを楽しみにしていたのだが、あいにくこの日は雨になり、菊石山で引き返すことになってしまった。

しかし、せっかくここまで来てきて何もせずに帰るのも能がない話なので、黄蓮山のブナ林でナメコを採ってお土産にしてやろうと考えた。私はキノコ類はいっさい食べないが、採るのは好きだし、最盛期でもあるので客人に持たせてやろうと現地に直行した。

昨年収穫した倒木を捜していると、ブナの落ち葉を踏む賑やかな足音が聞えてきた。カモシカかな、それとも今ごろ誰だろうと思って振り向くと、一列縦隊になった七頭ものクマのパーティーだった。グワグワという会話を交しながら、私が目指すナメコの木のほうに近づいていく。さすがの私もこれには圧倒されてしまい、急いで道を開けてやった。

一般にクマは集団生活をしないといわれている。今日は犬ヶ岳クマ組合の総会だったのか、この程度の集団行動はするようだ。クマ学者に新しい情報として提供しておこう。

栂海山荘に滞在しているときには、小屋の周辺で富山側と新潟側のクマがデートするのも見たことがある。残雪期ならば明瞭な足跡が残っている。

ちなみにこの山域にはカモシカも多い。残雪期は視界もよいのでよくお目にかかれる。道端でひょっこり逢ったときは逃げ出すこともなく、「妙な動物もいるもんだな」といった顔でこちらを観察している。こんなとき、遠慮して道を譲るのはいつもわれわれだ。彼らが遠ざかるまで、声も立てずに驚かさないように気を配ってきたつもりだ。

第五章　山と家族

結婚の三条件

私の藪刈り道楽の犠牲となった家族についても語っておきたい。私事を公開するのは好ましいことだとは思わないが、私の場合、会の活動と家庭は不可分なところが多く、避けていくわけにはいかない。

私は会社の独身寮に十数年お世話になった。冬期になると、当時は除雪機などなかったから、若者は一時間以上早く出勤して、職場までワカンをつけて通路の雪踏みをしたこともある。毎年、新入社員が入寮してくるが、数年経つとそれぞれ結婚して社宅に移っていく。新陳代謝が激しいのだ。三十歳を過ぎて独身でいると、まわりもうるさい。「あいつ大丈夫か？」などと公然と口にする。田舎の両親も心配らしく、お袋はなにかを送ってくるたびにかきくどいてくる。そろそろあきらめねばなるまい。

そこで私は「貯金が十万円貯まったら結婚しよう」と心に誓った。それまでは給料を翌月に残すことはいっさいなかった。そのため、貯金自体にかなりの決意が必要だったが、男子いったん志を立てたからには、面目をかけて実行しなければならないというのが私の人生哲学である。

何年か経って、貯金通帳の残高が十万円を越えた。やればできると思いつつも、私にとっては奇跡に近かった。こうなったらお袋の願いを叶えてやることにするかと思ったが、問題はまだあった。結婚は相手がいないことにはどうにもならないのだ。

親しく話を交わしていた女性も何人かはいたが、こちらから頭を下げてお願いする気にもなれない。うかつに申し込んで肘鉄でも食ったら恥ずかしい話だし、男子たるもの女性に惚れてはいかん、惚れさせるものだとうぬぼれていたが、そうは問屋が卸さなかった。

さわがに山岳会を旗揚げしたのは、ちょうど私がこのような心理状態で、右にするか左にいくか迷っているときだった。会の前段として、まずは黒姫山に山小屋をつくることを決心し、骨組の見積りを取ったら十万円だったので、結婚資金はいとも簡単に建築資材に化けてしまった。

結婚は自分の一存ではどうにもならない。それに当たり前の家庭を築く自信もなかった。それよりは山岳会を立ち上げて、山小屋をつくり、新しい登山道を伐開することを夢見ていたので、自然と山のほうに情熱はシフトしていった。それからまた何年か経つと登山道の開発は軌道に乗ってきたが、もうお袋もあきらめたのか、なにもいわなくなった。それだけに私も責任を感じないわけではなかった。しかも私は独身寮の最古参となっていたばかりか、最長在寮記録をも塗り替えてしまった。同年輩の寮友は一人もいなくなり寂しくなってきた。そのうえ白髪も目立つようになっては、私といえども山にばかりうつつを抜かしているわけにはいかなかった。

人生には何度か潮どきというものがある。それを逃がすとだんだん間隔が大きくなって、ついには機会が去ってしまう。白髪が出てくるようでは、三十四歳の童貞に終止符を打たざるを得ないではないか。私が注目した相手は隣町の洋服屋の娘であった。最初に彼女に出逢ったときのことはあまり記憶にないのだが、妹と同じ会社に勤務していたのだから、独身寮の連中と大勢で出かけたときのことだろう。女性たちと寮のメンバーが登山するときは、山に慣れた者がいないと親が心配する、だから君は後方から一緒について来てくれればいいと寮友はいった。私はいつもグループの員数外で、山の用心棒といったところだった。会津磐梯《ばんだい》山、黒姫山、白鳥山などにも登っていたように思う。それは曖昧な記憶に過ぎないのに、いっぽうでは彼女の口から、ある男性と白馬岳に見合い登山をしたことがあると聞かされたのが妙に印象に残っていた。

彼女はさわがに山岳会の第二回北海道遠征登山に、オブザーバーとして参加した女性たちの一人でもあった。知床半島羅臼岳の頂上で、エゾツツジの群落に染められたような紅い頬をしていたことも思い出される。あのときの物思いに耽るような様子を、私は白馬で見合いした彼氏のことでも考えているのかなと思ったものだ。

このような心境から推測するに、おそらく無意識のうちに彼女のことを意識していたのかもしれない。北海道遠征の三年後ぐらいには、隣町の青年が独身寮を訪れてきて、彼女のことをどう思っているのかと直談判されたこともある。どうやら彼女もけっこうもてたようだ。

一九六六年三月、黒姫山から町境尾根を経て犬ヶ岳への縦走の途中、猛吹雪に逢って下山が三日も遅れたことは前述したが、このとき、下山後にいろいろな人に会ったなかで、彼女が一番喜んでくれたように思えた。彼女の母親はテレビで遭難のニュースを見て腰を抜かしたらしい。これは案外うまくいくかもしれないと、自信らしきものを持ったのはこのときではなかろうか。

しかし、その後も私は山に熱中していた。栂海新道の伐開はもちろん、年末年始はいつも山に入って十年近くになっていた(二〇一〇年現在、元旦山行は四十九年間続いている)。どうも下界のことになると煩わしくなり、いっぽう、山に入るとすべてを忘れてすっきりしてしまう。

そのとき、私には二つの不安があった。一つは彼女へのプロポーズに抵抗があったこと。女性には惚れさせろ主義だから、プライドを捨てて申し込んで断られたらメンツ丸潰れだ。第二に私が二人の共同生活に耐えられるのか。独り占めして思うままに使ってきた給料も半分は巻き上げられるだろう。しかし、損得ばかりで結婚を計算するのもおかしい。

ようするに私は決断できずにいて、山に行くことでこの問題からも逃げていたのだ。いかに鈍感な私でも、これを永久に繰り返しているわけにはいかないと気がついていた。

ある日、意を決して彼女に聞いてみた。

一、私は一週間に一度しかヒゲを剃らないが、伸びても文句をいわない。ようするに面倒くさいし時間がもったいない。人生にとってヒゲの有無など些細なことだ。

二、放浪癖があって、いつどこの山に行くかわからないが文句をいわない。ただし相手の自由も認める。

三、年老いた両親には親不幸ばかりしてきたが、親孝行の代役を務めてくれること。

この三条件を容れた共同生活はどうだろうか。

彼女はしばらく考え込み、間をおいて「しかたないでしょう」と渋い小さな返事。

バンザイ!!　これで人並みになれる。

暴走した結婚式

結婚式は白馬温泉のホテル大越で行われた。月下氷人役である職場の上司・富樫部長夫妻の前に立たされ、神様の使者たる神主とその小間使いである巫女がことを運んで、三三九度の杯ということになった。一杯を三口で飲んでも一口で飲んでも神様に叱られることもあるまい。私は一、一、一の計三口ですませてしまった。前もって渡された誓詞もバカらしい取ってつけたような内容だったので、これも自作のインスタント誓詞を読み上げた。

「私たちは今日から同じ屋根の下に住み、温故知新、和心協力の精神をもって三条件を厳守しつつ、これからの人生を相互に努力しながら強く生きていくことを誓います」

列席者は目をむいて驚いた。しかし、こんなことは問題にするほどのことではない。披露宴では出席者に負けじと酒を飲んだ。苦労をともにしてきた山仲間たちと、酔うほどに歌って愉快であった。どっちが客だかわからない様にみな呆れ返ったらしい。

　式が終わったら、そのまま黒姫山山頂のわれらが別荘に夜間直行し、会員諸君と二次会をやる手はずを整えていたのだが、神様も怒ったのか猛烈な土砂降りとなった。本人は断固決行を主張したのだが、さすがに外野がうるさくて、これは中止せざるを得なかった。どうにも腹の虫がおさまらないので、「新居に集まれ」と号令をかけて一晩中飲んで騒いだ。これが私の独身時代との決別であった。

　新婚生活がスタートすると、職場では世界で初めてのＡＮ－ＦＯ爆薬という新しい火薬を使った大発破工事が開始された。男は仕事が第一と、心にもないことをいって新婚旅行は後回し。そして社宅での私たちの協同生活が開始された。食事は独身寮時代に比べると俄然よくなり、「結婚も悪いものじゃない」とうれしくなる。

　ところが、そうは問屋が卸さなかった。なにしろ結婚式の暴走と旅行の棚上げがたたって、第一日目から、まるで十年来の夫婦みたいな喧嘩をした。これは身から出た錆でいたしかたないとあきらめた。

　結婚から半年ぐらいが過ぎ、大発破工事も成功させて一段落したので、寿周遊券なるものを買って新婚旅行に発つことにした。行く先は北海道。ところが出発当日になって妻は行かないと宣言した。チケットを無駄にするのももったいないし、休暇も取ったし、見送りにくる連中の手前恰好もよくない。第一、彼らにも申しわけないではないか。困り果てて、「途中下車して帰ってもいいから、とにかく同じ列車に乗ってくれ」と懇願した。

こうして二人は列車に乗り込んだ。見送りの人たちに感づかれたかどうかは別にして、そのとき二人の間には異様な雰囲気があった。さわがに山岳会の仲間が、柄にもなく栂海新道から取ってきたササユリとタムシバの花束など粋な差し入れをしてくれる。彼らにとっては精一杯の心尽くしだろう。それがまた至上のうれしさでもあった。その香りが二人の間を浄化するように強く漂っていた。

一言も口をきかないうちに上野に着いてしまった。もはや行くしかないので、一人で羽田空港へ向かうとやや離れて妻もついてきた。強がってはいても妻にも行くあてはなかろう。可哀相になったので二人で肩を並べて歩く。

ジェット料金を別途支払ったボーイング七二七は雲の上を飛んでいた。やがて雲の切れ間から岩手《いわて》山、岩木《いわき》山が見えてきた。妻に「あれはなんという山?」と尋ねられ、それに答えているうちに会話が無理なく再開されてホッとした。無言の行は何時間続いたであろうか。津軽海峡の海面が銀のウロコのように光って、しばらくすると千歳空港に到着した。だが、まだ夫婦としての本来のあるべき姿を取り戻したわけではなく、稚内《わっかない》では兄妹として泊まった。

札幌から宗谷本線の鈍行に乗って稚内に向かう途中、列車の隣席にいたおじさんに「このへんでアンモナイト（頭足類でオーム貝に近くタコ・イカの同類）の化石が採れるところはありませんか」と聞いてみた。すると「稚内の東浦海岸に行ったらいくらでもあるよ」といわれたので、急きょ予定を変更、稚内からタクシーで東浦に直行してアンモナイト捜しに夢中になった。

しかし、歩けど歩けどそれらしいものはまったくない。日が傾いてくると、オホーツクの潮風は冷たく頬をなでる。妻は唇を紫色にして震えている。何度歩いてもアンモナイトの欠片すら見つからない。近所の人に尋ねたら、ここではなく、西の内陸のほうだという。

その人が、家にもあるから見せてやるというのでお邪魔してみた。大小さまざまあったが、どれも表面にニスを塗って、表面に現れる縫合線を消してしまっている。縫合線はアンモナイトの生命線なのに。値段も高いことをいわれたので早々に失礼し、国道に出たときにはもう夕暮れが迫っていた。すでに路線バスもなく思案していたら、工事用のダンプトラックが通りがかったので乗せてもらった。車に揺られながらホッとはしたが、見知らぬ人の話を鵜呑みにして予定を変更、東浦まで行ってまったく収穫なしとは情けない。相棒には寒い思いと、よけいなつき合いをさせてしまったと反省しきりである。

翌日は利尻島に渡って利尻山《りしり》へ。下山して予約もなしで鴛泊《おしどまり》港の民宿に泊まった。岬の高台に登ってみたが、カモメが空を舞っているぐらいで利尻山はまったく見えない。次の日には稚内に戻り、最北の地や風雪の門を観光してから、二人で市内をぶらつくと、宝石屋の店頭に大きなアンモナイトの化石が並んでいた。縫合線も見事に露出したすばらしいアンモナイトだった。旅行の記念になると思い、定価三万円の値引交渉をした。ここで三万円を使ってしまうと、資金切れになって帰りの食事代にも困ることになるのだ。しかし、「これは障害のある人から依託されたもので値引きには応じられない」と断られてしまう。

持てぬ者の辛さをかみしめて宿に戻ったが、あきらめきれずに一人でもう一度戻って交渉したが結果は変わらなかった。青海石灰岩の、ゴニヤタイト（アンモナイ

新婚旅行で行った利尻山登山口、利尻神社の社殿にて

ト（の先祖）化石の発見者である俺さまが、せっかくの珍品を目の前にして手も足も出ない悔しさ……。

札幌では、以前行ったことのあるラーメン屋に行ってみたが、十三年も昔の味がそのまま残っていたのが懐しかった。

北大の構内を散策しながら、俺はいったいなんのためにはるばると北海道まで来ているのだろう、と静かに考えた。一生の伴侶とよき思い出を綴るためではなかったのか。喧嘩の仲直りをするだけでいいのか。しかし、兄妹として宿に泊まったぐらいなのだから、こんなものでいいのかとも思う。旅の日程はすでに終わりに近づいていた。

帰路、福島の実家に寄った。両親とのドライブも妻には楽しそうだったし、父には私に対するよりはずっと優しい態度で接してくれた。二人の誓いの三条件には、私に対して優しくしてくれるようには申し入れてはいなかったのだから、これは文句のつけようのないことだった。

家に帰ってまもなく、稚内から小包が届いた。開けてみると、なかには涙の別れをしたアンモナイトの化石が入っていた。あの夜、妻は一人で宿を抜け出して、ポケットマネーを投じて手配をしてくれたのだった。アンモナイトの頭をなでながら、私は久しぶりに大きな喜びを味わった。それは、石を得、妻の心を得た喜びだった。

長女誕生

結婚式を境に人間が生まれ変わるわけもなく、私の人生観は以前とまったく同じだった。休日を二人で楽しく過ごすことはあまりなかった。妻も無関心のようだったし、これは誓いの三条件の効果であると安心して山に出かけた。このことに関しては、私は妻の口から一度も不平というものを聞いたことがなかった。もっとも、今日ではこれも時効になったのか、死文化したようなしないような感じである。

社宅には新婚も多い。各家庭の動静はそれぞれ伝わり合う。休日、若夫婦が連れ立って出かけるのを見ればうらやましかっただろう。同じ屋根の下に住みながら別個の生活をしているのだから、私は下宿人のようなものだったのではないか。おかげで栂海新道の開発は着々と進行していたが、妻の私に対する反発もまた比例して潜行していたのではないだろうか。私たちは些細なことでよく対立した。

面倒くさいというだけの理由で、私は婚姻届の提出すらさぼっていた。法律的には内縁関係というやつである。町役場に勤めている山仲間が、私のずぼらさを知っていたか、戸籍謄本を密かに取り寄せ、婚姻届を出してくれた。これで完全に世間並みの夫婦慣習に従わせられることになった。

日々の生活の楽しさがあったかどうか定かではないが、妻が嘔吐を繰り返しながら体内に小さな生命を育てている姿は憐れであり、またとても立派に見えた。妻の前面が目立って大きくなったころ、私たちは栂海山荘の建設に着手した。

二つ目の山荘建築資金の捻出は、わが家の家計を強烈に圧迫した。ボーナスの大半は柱や床材を買ったり、会員諸君の鋭気を養う焼き鳥代などに消えた。管理職手当として工場長から直接支給される、スペシャルボーナスの存在など妻は知らなかったと思う。これもまた栂海新道の伐開資金として消えた。こんなことにも妻は決して文句をいわなかった。動きの鈍くなった体で、隣町の医師会に勤めていた。元来陽気だった妻の顔から笑いが消えてしまったが、私は底知れぬ忍耐と根性のようなものを感じて、尊敬の念を持った。

一九六八年五月、娘が生まれた。会社から帰ると妻の父親から電話。

「女の子が生まれました。親子とも元気です」

「そうですか。そのうちに行ってみます」

どうせ生まれたばかりの赤子だから、物もいわないし笑うわけでもなかろう。そんなものをすぐに見に行くこともなかろう。二、三日経って実感が湧いてきたら会いに行こう。

悪友たちから聞こえていた通り、わが娘もやはり真っ赤なサルに似た顔をしていたが、それでもなんとなく可愛いかった。五体満足なら、親の責任の一つは果たしたと思っていいだろう。妻はやさしく言葉をかけ、強く手を握って労をねぎらってくれることを期待していたかもしれないが、今さらそんなありふれたキザな行為が、この私にできるはずがない。そんなことは、妻も十分理解していただろう。

父親になったという実感はまだ薄かったが、なんだか大きく飛び跳ねたいような衝動が突き上げてきた。二人だけのわが家に、人間が一人仲間入りしてきたのだ。妻は息子でなく娘だったことを残念がっていた。自分と同じような運命を辿るかと思うと可哀相だという。どちらでもよいではないか。男か女かの確率は五分五分で、親が気をもんでも介入できないことなのだ。

泣いて乳を飲むだけの人生だったが、一ヶ月近くなれば名前をつけてやらねばならないだろう。将来父のよき理解者になってくれるようにと、少々調子のよい願いを込めてその名を「栂海」とした。栂海の名のつく私の子供としては、娘は第三子である。私が青春を賭けた北アルプス北縁の山々は、栂の林を抜けて日本海に達する夢の登山道なので「栂海新道」と名づけた。栂海新道の中間に位置する犬ヶ岳に山小屋を建て、「栂海山荘」とした。そして娘よ、お前はわが家では長女だが三番目の栂海となる。やがて大きくなって栂海新道を登る日が来たら、お前の父はこの山々が好きで、青春のすべてを賭けて情熱を注いだことを理解してくれるだろう。自分の名前に父親の夢と愛情を感じる日がきっとくるだろう。そして、二十年後には父娘二人で栂海新道の縦走を果たすことになる。

だが、残念ながら「栂」の字は当用漢字にはなく、「つがみ」というひらがなになった。さらに名前の登録は、法律上二週間以内に役場に提出しなければならなかったのだ。一ヶ月も過ぎてからではもはや役場では受け付けられず、裁判所に行くようにといわれた。とにかく一事が万事で、子供の名前を裁判所に罰金を支払ってつけるなど前代未聞だろう。

娘のつがみをキスリングで背負って雨飾山へ

つがみがわが家の一員になってから、妻との関係が以前よりスムースになったのは事実である。生活の中心主題は明白に娘へと移り、私の不干渉主義も妻のストレスも、娘へ飛び火しないよう双方でバランスをとる努力をした。

両親の間にどのような変化が起ころうと関知しないかのように娘はスクスクと育ち、日本語らしき言葉を口にするようになった。しかし、なかなか自分の名前を正しくいえず、「ちがめ」と自称して周囲を笑わせた。

子供たちへ

そのとき、私は岩手国体登山部門予選のリーダーとして、五月上旬、栂海ルートの一角に取り付いていた。初日は廃校になった橋立小学校で受け付けをし、青海川上流の金山谷とアイサワ谷の出合いにキャンプした。この出合いは以前に大洪水に見舞われ、土砂が道路のレベルまで堆積して大広場ができ、恰好のテント場になった。一二〇名の大パーティーとなったが、登山道伐開の作業道とした三保倉尾根を菊石山経由で犬ヶ岳をピストンして無事下山した。

役場前で解散式を済ませ、重責を果たした思いで家に帰ると鍵が掛かっている。俺がいないとすぐ羽を伸ばしやがって、出かけたのだろうと不満であったが、お互いの自由は尊重し合う建前だからやむを得ない。まあいいさ、一風呂浴びてサッパリしようとタオルをぶら下げて家を出る。

途中、富樫部長婦人とばったり顔を合わせた。

「おめでとうございます」

はて、なにかおめでたいのだろうか。ああそうか、一二〇人もの大パーティーを引率して無事下山したことか。会社のことだけでなく、山のことまで労をねぎらってくれるなんて、やっぱり賢夫人だなと感心した。

「男のお子さんでよかったですね」

「はあ?」

父親としては誠にバツの悪いことだが、家に鍵が掛けられていた理由がそのとき初めてわかった。長男が生まれていたのである。妻への不満を一時でも抱いたことが悔やまれ、思わず「すまん」と小さな声を出す。これには賢夫人も驚いたようだが、私のほうはもっと驚いたのだから帳消しだ。

確率は五分五分だとはいっても、やはり息子の誕生はうれしかった。周りの無責任評論家たちは今度も女の子だというし、つがみの命名では恥をかいたからあらかじめ「たかね」という名前を用意していた。しかし息子となると「たかね」はまずい。私も考えて決めた名前だから、提出期限が迫るなか、漢字に直して「高峰」として届け出て、「かあちゃんでかした。これからは少しばかり心を入れ替えるから、息子のことは頼むよ」と心の中でつぶやいた。

つがみは二歳の誕生日を迎えころからにわかに語彙が豊富になり、自己主張をするようになった。

「お父ちゃん山に登るのね。こんどはつがみと行こうね」

これでは父たる者も考えざるを得ないではないか。娘をキスリングに入れたり、背負子に乗せたりして雨飾《あまかざり》山や黒姫山に登った。このようにわが家のヤングパワーが発言力を強めるにつれ、妥協するつもりはなくても、やはり無視できなくなっていった。

子供に引っ張られて散歩するようになったり、東京に出張のときは、デパートで玩具や衣服なども買って帰るようになった。妻と二人だけの生活のときには照れくさくてできなかった家庭サービスが、ベビーギャングに命令されると苦もなく出かけていったのだから、われながら不思議な現象といわざるを得ない。

その後さらに次女が生まれ、栂海新道にある照葉ノ池の名をとって「照葉」と名づけた。結局、子供たちは三人とも栂海新道にまつわる名をつけられて、父親の山道楽の犠牲者となったのかもしれない。娘よ、息子よ、よく聞け。父さんは君たちが山に登ろうが、都会に憧れようが、自由に認めよう。だが自然に親しむ、気持のやさしい人間になってくれ。それが私の子供たちに対する期待であり呼びかけだった。

もう一人の家族、ウサギの生と死

そのころわが家には、準家族ともいうべき野生の動物がいた。みんなに愛され、本当にわが家の一員になりきっていた。そのヤマウサギについて紹介しておこう。

娘のつがみが一歳半になった初夏のことである。一日の登山道伐採作業を終えて下山する途中、私の耳に異様なうめき声が聞えてきた。藪の奥、ヤマザクラの大木のあたりらしい。疲れていたが、気になって近づいてみる。すると、一・五メートルはあろうかと思われるアオダイショウが、生後間もないヤマウサギを飲み込もうと懸命になっているではないか。アオダイショウも、すんなり飲み込める大きさではないから焦っている。口元が裂けているのに、ウサギの片側の太もものところまでしか飲み込んでいない。ウサギはこの世に生まれて初めて直面した死の恐怖からの脱出を試みて、残る片足で逃げようと跳ねるのだが、相手はあまりにも長く、そして強力だ。

今ここにひとつの生命が消えようとしている。弱肉強食は自然の摂理というが、それが目前で生々しく展開しているのだ。自然の掟は厳しい。よけいなことをせずに放置するのが本来の態度かもしれない。しかし、考えてみればアオダイショウの食事はなにもウサギでなくてもいいではないか。ウサギはたった一つの生命を、今、目の前で奪われようとしている。たとえ相手が大将であろうと中将であろうと、弱気を助け強きをくじくのが人の道、と妙な義侠心を発揮して私はこの世紀の大奮闘に介入した。

「必死で逃げようとしているのだから離してやれよ」とアオダイショウの頭を棒で

ポンと叩いてやったら、話が伝わったのかウサギを離して藪の中に逃げ去った。大将には、「せっかくのご馳走を巻き上げてゴメン」。俺さまに見つかったのが運の尽きとあきらめてもらおう。食べ物の恨みは恐ろしいというから、かなりの抵抗を覚悟していたのに、アオダイショウはそれどころではなかったらしい。

子ウサギはというと、左足は大きく皮をむかれて赤裸。大国主命《おおくにぬしのみこと》なら蒲の穂で治療するところだろうが、あいにくそういう便利なものは周りにはない。包帯を巻きつけて止血をし、ザックのポケットに入れて持ち帰る。途中、職場の事務所に寄ってオキシドールと赤チンで傷口を消毒し、軟膏を塗ってやる。ウサギの目には重傷の苦痛が見てとれた。

こいつに死なれては世紀の介入が無駄になるし、私としても立つ瀬がなくなる。私はアオダイショウから取り上げた子ウサギの一命をつなぎとめるのに夢中になった。

飲まず食わずでは元気になれまい。掌《てのひら》にミルクをのせてウサギの口に持っていくが、飲もうとしない。アオダイショウと戦っているときからなにも食べていないはずだ。近くに親の姿はなかったから乳も飲んでいないだろう。あの危機から脱出しようと体力を消耗し、さらに痛みと恐怖でエネルギーの大半を使い果たしているに違いない。

どうしても飲まないので、強制授乳を試みた。金物屋でビニールの小さな油差しを買ってきて、砂糖を混ぜた牛乳を入れ、ウサギの耳を持って宙づりにし口の中に流し込む。最初は前足で押しのけようとしたが、好みの味だったのかおとなしくなり、ミルクは抵抗なくノドを通過していく。一時間おきに強制授乳を繰り返しているうちに、自分から飲むようになった。餌付けに成功すると目に見えて元気を取り戻す。

ヤマウサギを飼うのは非常に難しいといわれているが、面倒をみてやればそれほど困難ではなかった。最初のうちは、小刻みに餌を与えなければならないので妻の助けを借りた。足の傷にも毛が生え、人手を借りなくても皿から牛乳を飲むようになると、野生動物の本性を発揮して片時もじっとしていない。半月ぐらいで固形物を食べるようになった。大好物はニンジンだ。土間に放してやると、人のいる部屋に入れてくれと跳ね上がり障子に爪をかけて穴だらけにしてしまう。台所の野菜籠に侵入して勝手に食べ散らす。夕食のときは私の膝に乗って、ウドン、ソバ、カレーライスとなんでも食べる、上を向いて私の箸から一本のソバをツルツルと食べる技は人間の子のように上手だった。

このウサギは、人間でも他の動物でもまったく恐怖心とか警戒心というものを示さなかった。後にそれが命取りとなるのだが、これを見ていると、動物の習性というものも本能的なものでなくて、その生活環境によって創られていくものであると思える。ウサギはオスであったが、当時、わが家には男の子がいなかったので、つがみは彼を「アニ」と呼んだ。娘はアニと大の仲良しで、自分のおやつはなんでも食べさせてしまう。二人の好物はカステラ、雨で家の中にいるときは、よく競争で食べて笑いを誘った。

アニはときどき姿が見えなくなる。家族みんなが大騒ぎして捜し回ると、タンスの裏とか台所とかで見つかる。あるときは、私など一度も寝させてもらったことない客用の上等な布団の中にもぐり込んで、大小さまざまをやられてしまった。寒くなると私の膝の上に乗ってきたり、寝転んだ腹の上に登ってくる。そのうち生暖かい感触に、あっと驚く私の腹の上に黄茶色の水たまりができている。アニを叱ってみたところでどうにもならないことで、私もお手上げだ。野生動物は冬季になると毛替りをするが、家のなかが暖かいせいか、アニは腹のあたりが白くなるぐらいで全体の色替りはなかった。

こうしてアニは娘の遊び仲間となり、家族の一員となっていた。思えば傷ついた野生の生命が、人間とまったく同じものを食べ、他種族への警戒心も忘れてしまって、わが家の生活に同化したのは不思議なことである。首に鈴をつけられても嫌がらず、むしろうれしそうにさえ思われた。つがみと一緒にザックに入って黒姫山登山もした。地球上の生物はその種族のいかんを問わず、すべてその置かれた環境に同化しうるものである。愛情さえあれば……。

だが私には、自然界の法則に逆らうことがアニにとって本当に幸福なのか、迷わざるを得ない反省もあった。やはり春になったら、あのヤマザクラの木がある藪のなかに帰してやるべきではないか。仲間も欲しいだろうし恋もしたかろう。

それからどのぐらい過ぎただろうか。雪の降る日の夕方であった。子供たちが大勢見にきて、アニの巣箱の戸を開けたまま帰ってしまった。娘が箱の中にアニがいないのに気づき急報した。家族で社宅の合間をくまなく捜し回った。まもなく純白の雪上に血痕を発見した。近づくと、アニは三匹の猫に入れ替わり立ち替わり食い裂かれていた。猫が逃げ去った後、雪上にアニのつけていた鈴がポツンと落ちていた。

つがみに見られないように、まだ温もりの残っているアニを抱えて帰り、娘のために社宅に植えた記念樹のサクラの根元に葬る。ヤマザクラの木の近くで遭難し、今、八重桜の下に眠る。アニの運命であろうか。大好物のリンゴとニンジンを墓に供えて冥福を祈った。

「アニ、どこいったの?」と無心に捜し求めるつがみの声を聞きながら、私はとめどもなく涙を流していた。

私の自然保護

これまで私はスズメバチ、ウシ、マムシ、モリアオガエル、クマ、ヤマウサギとずいぶん動物たちのことを書いた。そしてそのたびに、人間と動物の関係について私の考えを繰り返してきた。動物に興味のない人には「またか」と思われるかもしれないが、あえて私は訴えたい。人々の生活も安定し、ある程度余裕が出てくると、レジャー時代といって遊びの対象が拡大していく。しかし、人間はそれだけで満足することはなく、自然を求める本能的欲求を持っているのではないか。それは、人類もまた自然の一部であり、母なる大地なのだ。

現在、その自然が失われている。求められている自然とは、森林や花といった植物だけ、海、湖、川、岩峰といった無機質の世界だけと考えている人もいるかもしれない。それは間違いである。たとえば虫を駆除して植物を守るという理由で殺虫剤を撒布する。そうすると、すべての虫たちがいなくなって、動植物の生態系に強い影響を及ぼすことになる。自然とは、そこに存在するすべてを包含したものだ。

山に登るということは、ときにはあたりの山容や高山植物を眺め、ときにクマやモリアオガエルと対話できる楽しみもある。特別天然記念物のライチョウも食べ物がなくなれば餓死し、高山植物も盗掘されたり踏まれたりすれば絶滅して、二度と私たちの目にふれることはなくなる。私がこのように動物を守ろうとする理由はすでに述べた。その根底にあるものは、自分の生い立ちにあるのではないかと思っている。

私が生まれ、そして育ったのは福島県いわき市の片田舎である。市とはいっても、昔は高久村といった山間部で、緑と森と田畑がたっぷりある集落だった。私の家はその集落の最深部となる丘のてっぺんにあった。まわりを緑に囲まれた田舎の原風景のなかにあって、敷地からは縄文土器、矢じり、そして貝塚からは貝殻がたくさん出土した。当時は縄文土器の価値を知らなかったのか、耕作の邪魔になるといって土器を割って道路に敷いたという話を聞いたことがある。

私は旧い農家に生まれ、隠居の祖母に育てられた。毎日、小学校まで片道一時間を徒歩で通い、旧制中学・高校まで徒歩二時間の距離を六年間自転車で往復した。小学校時代は、学校からまっすぐ帰ったことはなかった。大平洋で泳ぎ、川で魚を捕まえ、裏山で小鳥や動物を追っていた。隠居屋の十二畳間は小鳥の室にして、ヤマガラ、メジロ、ホオジロ、シジュウカラなど数十羽を放し飼いにしていた。その他、ウサギ、モルモット、チャボなどを自作の箱で飼っていた。大きなタライには、フナ・コイ、タナゴ、ウナギなどを放し飼いをして、ときどき背びれをなでて楽しんでいた。

私は捕まえたものは絶対殺さない主義だったが、父はどうせ死なせてしまうのだからと串刺しにして囲炉裏で焼いて食べた。私には生きた魚が炉端でもがくのは、見るに耐えられないほど辛かった。私は今でも川魚を食べることができない。海の魚も生ではいっさい食べないが、これは本人の心情の問題だろう。

小学校六年のとき、旧制中学校受験の課外授業は男女一室で行われていた。珍しく校庭に雪が積もったので、休み時間にはワナを仕掛けてホオジロやカワラヒワを十羽ほど捕って袋に入れておき、課外授業中の教室にいっせいに放した。女の子の悲鳴とともに大騒動となったが、自分一人ニヤニヤしながら悠然としていた。その場で先生から大目玉を食らったうえに、先生の家まで連れていかれて説教を食わされたのだが、そこでご馳走になった夕食の吸物の中に、騒動の主役を果した小鳥の一部が入っていた。なんて残虐なことをするのだろうと思い、反省しつつも私はひと口も食べなかった。

少年時代を振り返ると、私の自然への傾倒、動物たちへの親愛感は、成人してもまったく変わらないように思う。もちろん私の性格は、内気な恥かしがり屋で人見知りもするが、近所ではガキ大将でもあった。どちらかといえば、一人で自然の中を駆けまわっているほうが好きだった。そういう自然が、今日の自分をつくってくれたホームグランドだからこそ、母なる大地はそのまま残さなければならないと思

黒岩平ではミズバショウの一大群落が発達している

う。私のような者は、今日においては少数派かもしれない。

自然保護の原点は現場主義でなければならない。行政が動かない、予算がないから駄目では少しも進まない。まず、自ら汗を流すことから始める。施策や政策はそれに取り組む国や市町村の姿勢に影響されるので、われわれのような田舎の小グループの活動から見れば、次元の異なる世界だ。そういった施策とは別に、他力本願の傍観者でなく、ふるさとの山を自ら守る具体的行動が必要だと思っている。

自然保護運動も時代とともに変化してきた。以前は企業や家庭の廃水、粉塵など公害問題が論議の中心だったが、これらが一段落すると、最近では異常気象とか地球温暖化とか、地球環境保全への対応が主題となっている。二酸化炭素放出による地球温暖化を防止する対策として、化石燃料の減少とかエコ燃料への代替の推進を全世界の共通課題として論じられている。そして地球規模で発生する暖冬少雪、旱《かん》魃《ばつ》による農産物不作、氷河の後退、水害等への対応が急務になっている。しかしこれらの原因が、地球の間氷期の進行による温暖化かどうかはまだ確認できていない。二酸化炭素抑制については各国の施策も同床異夢といったところだ。

こうした地球規模の問題が主題になると、私たちの周りの自然保護に関しては大分影が薄くなってしまった。しかし従来からの自然保護問題が解消されたわけではなく、むしろ身近な課題として対応を迫られていくことが多い。

近年、自然指向の対象として山にも大勢の登山者が訪れるようになった。全国各地の山々が観光登山の対象として開発され、入山者が多くなればオーバーユースとなって破壊も進む。開発か保護かとなると、どうしても保護が後手に回っていることが多い。人類優先で考えていくと、多様な動植物が、トキやクマの二の舞を踏むことになるだろう。

こんなことばかり訴えていたら、「子供時代をそのまま持って喜寿の爺さんになった」といわれるようになった。そしてそれは当を得ていると思う。

自分たちが破壊した山々の復元を図るためには、人任せでなく受益者も応分の分担をして汗を流すべきなのだ。真の自然保護は、自然と人間が相互に対等の存在を認め合って、共生を図っていくところから可能となる。

第六章　朝日岳へ、親不知へ

わが会は孤独ではなかった

一九七〇年四月号の『山と溪谷』誌に、次のような記事が掲載された。

「『さわがに山岳会』といっても知る人は少ないだろう。新潟県糸魚川市の近く、青海町のわずか十名足らずの山の会である。アルプスの主稜には目もくれず、彼らは黙々と地元の山を切り拓いてきた。数年前に黒姫山にさわがに新道を拓き、黒姫小屋を建設。現在は北アルプスの北縁、朝日岳から日本海へ達する栂海ルートの開拓に情熱を注いでいる。

自費自力、無報酬の重労働を支えるものは完成への喜び以外に何もないという彼らの行為。あくまでも純粋なパイオニアワークとしてスタートした彼らが、まず乗り越えねばならなかったのは、チームワークを固めることだった。その苦難の伐開も国立公園内にさしかかって許可がおりずに現在は休止しているが、ピッケルを斧に、ザックを建築資材に替えて立ち向かっている彼らに、強靱なアルピニスト魂を感じずにはいられない。彼らがどんな目的で、いかにして道をつくってきたか、栂海ルートとはなにかをここに紹介しよう。山岳会は、いま海外ブームに湧いているが、ある意味ではヒマラヤの高峰に劣らない困難さえ見出されるのだ」

著名な山岳誌に、ヒマラヤ登山に匹敵するなどといわれると、考えてみたこともなかったのでくすぐったいような妙な気持ちだった。私たちは、ただひたすらに自分の井戸の中を泳ぎ回っているカエルに過ぎないのに、誰かがどこかで見ていてくれたことが大変うれしかった。そして『山と溪谷』に紹介され全国の人に知られていくことに、驚きと恐れを感じた。これまでは、自分たちのペースでやってきたが、全国の登山者が注目するようになれば、もはや無責任に投げ出すことはできない。会員諸君も大いに勇気づけられたようだった。

山岳誌に紹介されると、これを契機に伐開の許可申請も動き出した。役場を通して登山道開設の許可申請書を関係官庁に提出していたが、めぐりめぐって新潟県出身の元厚生大臣の小沢辰男氏まで話が行き、中央政界から役所に働きかけが行われたようだ。それでも許可申請から認可されるまで、一年以上の歳月を要した。こうしたコネがなければ許可は得られなかったかも知れない。厚生省から国立公園内の立ち入りが認可されると、他の関係官庁からもいっせいに許可が届いた。田舎の無名の小さな山岳会の夢がこんな形で実現できるとは非常に幸運であった。

私たちの開いた道を「夢の登山道」として新聞紙上に紹介し、地元に周知してくれたのが、朝日新聞糸魚川支局長の森健二さんである。営林署に盗伐容疑で御用になったときの軽かった判決にも、こうした真実の報道が影響していたかもしれない。マスコミによる登山道の紹介、営林署の誤伐処分、官庁の許可対策、登山道の伐開や山小屋建設に関しては役場や職場の人たち、いわゆる偉い人たちなどたくさんの方々からお世話になった。とくに職場の仲間は、現地においてボッカに藪刈りに協力して、わが会の重荷を分かち担ってくれたことを忘れてはならない。わが会は決して孤独ではなかった。

多くの人たちの好意と協力をバックに、われわれの作業は着々と進行した。とくに威力を発揮したのは前進基地の栂海山荘である。この山小屋を当初の狙い通りベースキャンプに利用して、開通後は一般登山者に解放する目的で建設したのは間違っていなかった。栂海山荘によって、作業器材、食糧等の管理も確実となり、なによりも合宿生活が快適になって作業効率も向上した。

朝日岳を目指して

そのころ、四名の新人が入会を申し込んできたが、そのうち三名はなんと女性だった。いくらなんでも女の子が鉈、鎌、鋸の三種の神器を使って、猛者連中とともに藪刈りをやるというのは前代未聞である。とても務まるわけがないので、準会員として食事係を担当してもらうことにした。

唯一男性の中沢は、新卒で社員教育のため運悪く私のところへ来た。石灰石採掘係に配属になったので、この原石山の仕事は地球を相手にした男の中の男の仕事だ、化学工場の基幹原料を提供するやり甲斐のある職場だと、大発破工事の記録映画を見せたりして職場のPRをし、さらにこの原石山には精鋭メンバーの集まるさわがに山岳会というのがあって、北アルプスに夢の登山道を開発中であることを補足した。この私のそそのかしにうまく引っかかり会員となった。まったく経験はなかったが、職場でも山行合宿でも発破をかけるごとに強くなっていった。

女性三人のうちの一人は、例の『山と溪谷』誌を読み、さわがに魂に恋をしたとかで、はるばる長野市からやってきた情熱娘・山崎だった。他の二人は地元出身の仲良しグループで、いずれも短期会員である。このうち広幡は、やがて会員の伊藤と結婚して幸せな家庭を築き、長いこと二人で山を楽しんでいる。

一九七〇年、許可ナンバーを銘記したさわがに山岳会作業所の幟を立てて作業は再会した。会のオールスターに女性会員も加わって、藪刈りも活気に満ちていた。女の子には炊事当番を担当してもらったので、今回の伐開山行はご馳走にありつけた。

この合宿には山と溪谷社より森本さんという記者も取材に訪れた。会にとっては初めての珍客なので、なんとなく意識して張りきっていたようにも思う。彼が栂海山荘の宿泊日誌に記録した、この山域についての感想を少し引用させていただこう。

一九七〇年六月十六日
山と溪谷社森本和夫、さわがに山岳会の栂海新道伐開作業取材のため、ここに泊まる。
入山六月十四日、下山十七日
　六月十五日、横なぐりの雨の中を作業隊出発、午前七時。作業場所は、サワガニ山（一六一二㍍）の南東。一人七〜十㍍ぐらいのスパンを持って、一列縦隊に並んで刈り進み、終わると先方へ移動して前進していく。その分担を繰返していく。私は作業隊より三十分ぐらい遅れて出かけたが、犬ヶ岳を越えるあたりで全身濡れネズミになる。
　六月十六日、朝は雨、十時ごろより雨が上がり曇となる。作業は黒岩山（一六二四㍍）近くの文子ノ池を過ぎる。この池の名は、長野から三ヶ月ほど準会員だった山崎文子の名をつけたという。このぶんだと十七日には黒岩山を越える見通しが立つ。
　栂海山荘で三泊したが、誠に快適な生活であった。さわがに山岳会の皆さんに衷心より感謝する。職業柄、山岳会に招かれて山行を共にすることが多いので、山仲間との生活は理解しているが、この会にはその上の何かがある。それは目的意識を持って行動する人間集団が持つ味であろう。

連日濡れそぼり、疲労しきったこの集団が、部外者の私を（私は取材者であり傍観者であった）このように遇してくれたことは、やはり驚きである。

このコースは、展望といい、花の種類・量といい、残雪の豊富さでも魅力いっぱいだ。天候に恵まれなかったら、出直してもらいたいものだ。長大な距離も、自己鍛練にも有効だし、長栂、朝日と結べるのも楽しみの一つだ。さわがに山岳会の仲間たちが、無償の努力を注ぎ込んだこの道を、再び藪に覆われないように、今度は受益者であるわれわれが守り仕上げていこうではないか。とくに山岳会の諸賢に期待したい。

犬ヶ岳～黒岩山間は非対称山稜の痩せ尾根で、矮性低木が密集するため刈払いに難儀した。しかし視界がよいので、日本海から頸城山地、長栂山、朝日岳そして立山連峰の展望がすばらしい。藪刈りの合間の休憩時、寝転んで眺める山並みにどれだけ癒されたことか。この稜線は一六〇〇㍍前後の起伏の少ない山並みで、サワガニ山東側には二重山稜が見られ、その凹地に夏遅くまで雪が残っていて、生ものを保存する天然冷蔵庫として利用した。風雪に押し潰されたコナラの基幹は曲りくねっていて、タコノアシと呼んでいたが、これの刈払いにはずいぶんと苦労させられた。

　黒岩山を越すと地形が一変して、痩せ尾根から広大な緩斜面となる。高台にはオオシラビソ、ミネカエデ、コメツツジなどが混在し、凹地は大量の積雪に覆われて草原や湿原となる。こうした植生が断続的に現れるので、登山道はできるだけ草原と樹林境界部付近につけた。草原帯は刈らずに踏んでいくので、はみ出さないように赤い杭を打ってルートを設定した。黒岩平の沢筋には遅くまで雪田が残るので四季が同居したように感ずる。林を抜けるとヌマガヤの草原に出て、再び樹林へと何度か繰り返すとアヤメ平のお花畑となる。狭い範囲に多種類の花々が群落をつくり、藪刈りの手を止めてしばらく見とれてしまう。

　長栂山は植物を寄せつけない周氷河地形風衝帯砕屑原の山頂なので、登山ルートに石を並べ赤ペンキでマークした。シラビソのトンネルを伐り払って南側に出ると、白馬岳を主峰とした蓮華山群が眼前に現われる。ここからは右折して西のほうに向かう。登山道の南斜面は、二重山稜になっていてその凹地に照葉ノ池などがある。池塘の点在する最終草原を抜けると、シラビソやツガの樹林となり、ダケカンバや這松も見られるようになると、蓮華温泉道と合流する吹上のコルに達する。

最後は変成岩の巨礫をまたぐと、風の通り道となっているような鞍部である。用意してきた導標を立てると、栂海新道はついに朝日岳への道と一本になって、高位部も開通したことになる。入山三日目にして吹上のコルまで開通できたのは、草原帯の区間が多かったためであろう。開通の喜びを享受することもなく、早々にベースキャンプに引き上げた。

この日は長栂山南部の池塘のあたりにテントを張っていた。開通時のメンバーは八名で、今回も広幡女性会員が参加して、現地まで食事の炊き出しを運搬してくれた。

私がいないときには、会員の間でいい争いが起きることもあったようだが、いつも斉藤の一喝で収まったらしく、やはり彼の存在は大きかった。とにかく、わが会はまとまりがよかった。考えてみると、一日二四時間のうち、十時間ぐらいは職場

朝日岳北斜面・吹上のコルでついに在来道と合流。開通式を行う

で顔を合わせ、年間数十日は山に入って同じ釜の飯を食べ、枕を並べているのだ。睡眠時間を差し引いたら、私たちのつき合いはおそらく家族より長いはずだ。

犬ヶ岳〜長栂山〜吹上のコルまでの二期工事を終点まで開通して長栂山のベースに戻り、目前にある見慣れた黒緑色の蛇紋岩の露頭に腰を下ろして富山湾に沈む真赤な太陽を見下ろしていたら、隣りに並ぶ仲間たちの顔が、まるで興奮して充血したように染まっていた。

この夜、池塘のほとりに燃える焚き火を囲み、ここに辿り着くまでに要した六年の歳月を振り返った。北又谷を吹き抜けてくる風が、私たちの労苦をねぎらうにやさしく頬をかすめて五輪山の方向に流れ、頭上には冴え冴えとした星がいっぱいに輝いていた。静かな満ち足りたひと時であった。

焚き火に照らされたみんなの顔は、妙な具合にゆがんでいた。うれしさを発散するでもなく、笑っているようなのにひとりでに涙がこぼれてくる。感動とはこういう姿で訪れるのか。とうとうここまで来た。みんな頑張って開通した。ご苦労さん、ありがとう。職場の人も山麓の人も、みんなありがとう。この気持ちを、今ここにいる仲間や下界の協力者たちに伝えたかった。抱き合って喜びを分かち合いたかった。

仲間たちは、これですべてが終わったと思っていたようである。しかし私には、途中の菊石山から親不知までの最終コースの伐開が残っていた。栂海新道は飛騨山脈北延主稜線をトレースし、その先端である親不知の日本海につないでこそアルプスの完全縦走道となるのだ。まだ低山帯の三分の一が残っている。朝日岳まで開通してみんな意気揚々と下山しながらも、私は最終計画の構想を練っていた。

親不知から菊石山へ

一九七〇年九月、朝日岳まで開通してまもなくのこと。慰労会を兼ねて、赤提灯で第三期工事の概要を説明しつつ説得をした。会員も黒姫山の開発からはじめ、メンバーは替わっているが、すでに九年になっている。いい加減やめてくれというのが本音だろう。しかし、ここで伐開を中断すれば、登山道は横道にそれてしまって魅力も半減してしまう。同時に、藪刈りの苦労も報われないことになる。

しつこいまでの説得が功を奏したのか、それとも彼ら自身が自覚できたのか、協力の確率は高くなった。しかしそれでも第二期工事完了後、第三期工事着工までには継続体勢固めに二ヶ月以上を要した。

十一月下旬、ようやく金時坂より菊石山を目指しての伐開作業が始まった。金時ノ頭にテントを張り、進行を早めるために沢筋を利用したが、結果的には問題が多く、伐り直しやステップを削る作業が多くなったため、かえって時間がかかってしまった。テント泊まりでは夜半からかなり冷えこんだが、翌朝外に出てみるとあたりは真白く、テントも雪化粧をしていた。これまで伐開中に雪に遭ったことはなかった。すでに藪刈りの時期としては遅すぎたのだが、それでも、手をかじかませながら終日作業をして下山した。

今年も一年、みんなよく頑張った。そして同じメンバーで最終コースに取り組めるようになったのが、なによりもうれしかった。これで全線開通も見えてきたようで、気分の良い刈り納めとなった。

年が明けて、栂海山荘の除雪山行が終わるとそろそろ藪刈りシーズンが近くなる。菊石山以北は一二〇〇㍍以下の低山となるので融雪時期も早く、海岸線近くでは五月ごろから作業可能となる。それに坂田峠以北の低山帯では日帰り作業も十分可能となるので、小刻みに入山して伐開進行を早められる。

当初は風波川の河口から二本松峠経由で上路集落に抜ける、海岸道不通時のエスケープルートを補修して利用していた。沢筋の崩壊箇所には、鉄骨橋や丸太橋をかけて補修した。二本松峠の上部から尻高山下部までは、送電線の監視道が通っていたから、その既設道を一部利用した。この区間は勤務明け後に現地入りしても、暗くなるまで作業ができたので伐開や整備も進んだ。この残業的作業は、同じ登山道伐開でも泊まりがけのキャンプ入山に比べて気分的にもだいぶ楽だった。ただ、風波川登山口〜二本松峠のコースは、沢筋沿いにつけられた既設道を利用したものだったので、栂海新道本来の目標である主稜線からは完全に外れており、そのことはずっと頭の隅に残っていた。

風波川の橋掛け作業を残業時間帯にやっていたころ、下山口の国道八号線沿いにはドライブイン「日本海」があった。疲れた足を引きずってドライブインの横を通りかかると、調子のいい主人がいて店に引き込まれた。いかにもサービスでご馳走してくれそうな口振りなのだが、店を出る時はしっかりと飲み代を請求された。この「日本海」も北陸自動車道の工事で撤去され、今は跡形もなくなって、当時を偲ぶものは何もない。

かくして、坂田峠以北は細切れに入山伐開して、最終的には一本につないでいった。旧国道沿いに歩くと、親不知の海岸線はタブ、カシ、ヤブツバキなどの暖温帯の照葉樹林が多く見られる。高度が上がるにつれ、ミズナラ、ブナの中温帯・冷温帯植生に変わっていく。尻高山では大半がブナ林に覆われて、次第に深山に進む。親不知の岩壁は、火山灰質の親不知火山岩類からなり、二本松峠で手取層の尻高山礫岩となって金時坂から白鳥山北東部まで延長する。その後、擁壁や林道工事で登山道が寸断されてしまったので、さわがに山岳会特製の鉄骨階段・橋を会員の手で製作設置して今日に至っている。

低山帯はほとんど日帰り作業で完工したが、高位部のシキワリの水場あたりからは再び現地泊となり、伐開の進行とともにベースキャンプも移動した。灌木林は葉が繁るとブッシュがひどくなるので、雪が解けてまもなく、葉が出る前に入山し、集中的に伐開した。

登山道の伐開は新緑前や盛夏の晴天より、梅雨どきの曇天のほうが作業能率がよかった。カンカン照りになると体力の消耗が著しく、涼しいときに比べて進行が半

新道のルート変更で、国道沿い登山口の沢筋に鉄骨橋を架ける

減する。

菊石山への作業は、約一週間の日程で休暇に合わせて交代で入山し、最後の二日間は全員参加で開通を祝うことにした。ベースキャンプは山姥平中間の平坦地を刈払って設けた。日程は梅雨前の五月三十日～六月五日とした。この時期はまだ沢筋に大量の雪渓を残しているので、水には不自由しなかった。ただしこの時期の雪渓は、黄砂とか木葉が混在しているので真水と呼ぶにはほど遠いものだった。まだ梅雨前のはずなのに、連日雨に降られ全身濡れねずみになることも多かった。それでも登山道は山姥平を越え、白鳥山から一気に下って登り返して下駒ヶ岳へ。ベースキャンプからはかなり遠くなったので、アタックキャンプを設けて現地までの時間を短縮した。

このあたり、富山県側の西斜面にはブナの巨木がみられるが、痩せ尾根では新潟県側の東面にまったくブナの見られないところが多い。これはブナが積雪に弱く、雪庇の張り出す斜面には育たないのだ。稜線はブナのほか、ミズナラ、リョウブ、ナナカマド、マンサク、コメツツジ、アカミノイヌツゲ、ユズリハ、ユキツバキなどが繁り、下駒ヶ岳北部の天然スギが高度上限となる。草花は、オオイワカガミ、マイヅルソウ、チゴユリ、イワウチワ、カタクリが多く、一度だけ寄生ランであるオニノヤガラが道の中央に生えていたことがある。不思議と白鳥山と犬ヶ岳北部間にはハクサンシャクナゲがまったくみられない。

藪刈りは順調に推移していたが、雨は梅雨に入ったように降り続き、連日濡れそぼっていった。数日ぶりにベースキャンプに戻ってみると、テント場は数十㌢の深さに水が溜まって池のようになり、シュラフも食糧もすべて水浸しになっていた。これではとても寝られる状態ではないので、いったん上路の集落まで下山して公民館に泊めてもらった。

シュラフを乾燥し、食糧を仕入れて再び入山。なんとしても今回開通しておかないと、次の予定が立たなかった。当時は現在のような軽い雨具などなかったので、再び重いゴム引きのカッパを着ての伐開作業が始まった。

かなり起伏のはげしい山稜が続く。下り斜面になると、立木も太く長くなり、ピークに近づくと立木は背丈を低くして曲りくねってくる。こんな植生の繰り返しとなる。

鞍部と鞍部をつなげば、平坦な斜面道を巻くようになるから、登山としては楽で早く歩けるようになる。しかしそれは当初の目標に反することになる。どんな場合もカーブを使わずに、稜線上を忠実にトレースする直球で完成させるのが私の信念でもある。これは、斜面道には雪崩の恐れがあり、歩行面も雪で押されて損傷しやすいという欠点をカバーすることにもなる。

完成後、多くの登山者から、「それでなくても長丁場なのに、どうして巻道にしないのですか」と尋ねられることがある。そのときはきまって、「アルプスの完全縦走は真正面からの直球勝負で完歩することによって、長かったなあという実感とヤッタという達成感を味わえるのではないか」と答えることにしている。これもまた、越後山岳界の長老だった藤島玄さんの直伝である。玄さん曰く、「小野君、登山道は高い稜線ほど安全で長持ちするのだ」。飯豊山脈に玄山道を開設した大先輩の教えでもある。栂海新道は私の体験を織り込んでの設計だった。

平坦な斜面をやや登りきると、破砕された岩盤の露頭をむき出した展望台に出る。ここは中生代ジュラ紀来馬層群といわれる、砂岩と泥岩の互層で一・六億年ぐらい前の地層だ。一九六六年四月のJAC県境踏査のとき、アンモナイトの化石を発見したところだ。発見第一号のアンモナイト化石は、現在青海自然史博物館の「〇〜

三〇〇〇㍍の地質・地形・植生」のコーナーに展示されている。このコーナーは栂海新道の岩石標本、植生、地形の写真が展示されている。栂海新道の来馬層から発見さた化石はアンモナイト、イチョウ、羊歯類、球果植物、二枚貝など多種類の古生物があり、多くは白鳥山南部と菊石山から採取されている。菊石山の登山道沿いには、キランソウ、矮小木のキタゴヨウマツ、ヤマツツジなどが点在している。岩盤露頭が終わると雪解け直後にカタクリの大群落が咲き誇る。まさにカタクリ街道である。

ツルアジサイがからんだミズナラの枝払いをしながら進むと、三保倉からの作業道と合流した。最終目的地の菊石山は目前である。彼らはひと足先に頂上に達して待機していた。三角点横のナナカマドを一本だけ残し、あとはすべて刈払ってすっきりしてくれていた。

「会長、最後の一本を伐って全線開通してください」

憎らしいほどの気配りに思わずグッときた。

最後の一本を、みんな注視するところ一刃の元に伐り倒した。ときに一九七一年六月四日。さわがに山岳会を結成してすでに十年、栂海新道の開拓に着手して六年の歳月が経過していた。連日降り続く雨は、当日も降ったり止んだりの天候だった。

とにかく、用意してきた特級酒と愛用の鉈で「開通万歳！」を繰り返した。菊石山の三角点に酒をたっぷりかけ、一口ずつみんなで祝酒を飲んだら、その場にへなへなと座り込んでしまった。ふだん口にしたこともない特級酒のせいではない。みんな十年間の疲れが一気に吹き出して精根尽き果てたのか、それともやれやれ終わったという安堵感からなのか、しばらくは放心したように誰も動かなかった。

この一週間降り続いた雨に、万物は濡れねずみになっていたが、自分たちもその一員であり全線開通の喜びに祝杯を重ねる状況ではなかった。早々に三種の神器を束ね、脱兎のごとくベースキャンプに戻る。一週間にわたって憩いの場として藪刈りの疲れを慰やしてくれたテント場も、今はすっかり水たまりとなって休息の場所ではなくなっていた。

設営装備をパッキングして下山にかかると、彼らはアッという間に私の視界から消え去った。私は痛んだ足を引きずりながら、今後の整備の進めかた、そして風波川登山口〜二本松峠の切り替え道のことなどを考えながら、金時坂の急坂を下りていった。

それから九年後の一九八〇年。デンカセメント工場の新しい仲間・ベニズワイガニグループとさわがに山岳会との合同パーティーによって、懸案だった二本松峠から直接天下の嶮・親不知に達する切り替え道を新たに開設した。開通後まもなく、五十名ほどの参加者で新規バイパス道の開通式を行った。

この切り替え道の伐開にあたり、セメント工場から大勢の協力者が参加してくれた。私がセメント工場も担当することになり、仕事の合間にことあるごとに藪刈りや山の楽しさを語っていた。この誘導話に引っかかったのが運命の岐路だったかもしれないが、それでも彼らは初体験で、けっこう楽しそうに藪を刈っていたように見えた。その光景を見て、彼らを巻き込んだ重荷も少しは軽くなったような気がした。

いずれにせよ、これで栂海新道は全コースが後立山連峰、つまり飛騨山脈の主稜線をたどって歩く、日本アルプスの完全縦走道となったのである。

開通、感動はかく訪れる

わが会は、いつも一糸乱れぬチームワークでまとまって事にあたっていたわけではない。ときには、ケンケンゴウゴウと入り乱れて大声を出していたこともある。人間誰しも疲労の極限状態にあって冷静な行動を期待するのは無理であろう。一日四食を定食として、明るい時間帯はすべて鉈鎌を振り、有史以前からの猛烈な藪と終日格闘してきたのだから無理もない。しかも仕事とは別途の余暇時間帯に行う自費自弁の道楽行為、つまり今流でいえばボランティア活動である。だから、営林署の担当官に御用になったときも、紐つき依頼工事と思われて当初は信じてもらえなかった。

こんな経緯をたどってきたが、最後は私の発破の一声で決まり、同じ目標のもとに一体的行動がとれた。それが、人のために労することを厭《いと》わない人間集団としてまとまったのである。

当初から、三十キロに近い縦走道を一気に伐開するといっても誰もついてはこないだろう。だから全コースを三つに分割して、それぞれに実現可能な目標を立てて理解を得た。それは全コースを接続開通するための、私のしたたかな戦略だったかもしれない。

黒姫山のプロローグに始まり、栂海新道の第一期～第三期工事までを実現するのに十年もかかってしまった。これらの区間事業を実現できたのは、なんといってもその都度よき協力支援者と信頼できる会員に恵まれたことであろう。各工事ごとの完成にもさまざまな思いや感動があった。開通のうれしさはまた、苦い反省にもつながった。

さわがに山岳会を結成してから今日に至るまで、まるで馬車馬のように突進してきたが、会を途中で去った者の顔も思い浮ぶ。人手が少しでもほしいときになぜやめるのかという無念の思いもあった。今なお顔を合わせれば、昔一緒に汗を流し合った感謝の気持と、去ったときの恨めしかった気持ちが交錯して複雑な感慨がかすめる。

一つの事業を成し遂げたという同じ喜びに浸った会員諸君も、一人ひとりは決して一様ではない思いを抱いていただろう。入会当時はほとんど独身だった彼等も、おおかたは結婚して家庭を持った。彼らの何組かの月下氷人もやった。家族とのふれ合いを犠牲にしてガムシャラに山に引きずりこんだこともあり、恨んでいる人もあろう。ごく普通の家庭人としての会員諸君に、その犠牲を強いたのは私である。マイホーム主義というムードが、新潟の小さな町にも押し寄せていた当時を考えると、私は自分を情容赦のない極悪人と思わざるを得ない悔恨を感じる。

そんな極悪人にも小さなつぶやきがある。わが会は一人ひとりの団結によって、いくつかのことをなしとげた。それは必ずしも自らの意に沿ったものだけではない。この藪刈りという厳しい重労働によって、心身の忍耐、他人への思いやり、協調精神、体力増進、仲間との絆、達成感といった多様な収穫もあったと思う。私は長い期間会員諸君をこき使って、えらい目に合わせたが、君たちも一つのことを成し遂げて得た自信によって、人生観も変わったのではないだろうか。藪刈りをしなければ得られない体験だぞ。これはしょせん私の小さなつぶやきである。

私はつまらん人間だが、極悪人として憎まれるよりは「みんな一緒だよ」といわれたほうがホッとする。これほど過酷な労働のなかに仲間たちを引き込んで、それを期待するのは無理な注文だということも承知している。開通までの間には何度か座屈せざるを得ないようなトラブルにも遭った。その都度、情熱からくるエネルギーとあきらめない粘り、そして時間が後押ししてくれて乗りきった。まさに継続は成果なりだ。

栂海新道の開通が、はたして登山界にどれだけの価値をもたらしたのかはわからない。〇～三〇〇〇㍍のアルプス縦走を実現し、縦走の終着に海水浴をセットできるユニークな登山道ではある。また地質、地形、植生の学術的価値も高い。とくに植生は、暖温帯の海岸植物から亜寒帯の高山植物まで、その高度差による垂直分布を一直線に確認できる。

登山道の開拓は、藪を刈りながら最初にその自然と接することになり、新しい魅力を発見できるので期待も大きくなる。開通の喜びへの感動は、下山の軽快な足取りとなったが、栂海新道の将来の課題対策が強くのしかかってきて、次第に足取りが重くなっていった。

開通後、次第に栂海新道の名も知られるようになり、登山者も年々増加していった。毎年整備をしていかないと、藪が再生してしまうので維持管理の負担も大きくなっていった。宿泊施設の栂海山荘も登山者の増加に合わせて増築が必要となって、両面から対応に追われるようになる。鉄の結束を誇った会員も、いつ果てるとも知れない対応に見切りをつけて一人二人と去っていった。そして整備グループの顔ぶれも一新されていった。

栂海新道開通後四十年。整備要員も体制もまったく変わり、開通当時の会員は一人も残っていない。今は老会長が細々と新しいグループを求めながら、老骨を労りつつ新しい出逢いに期待して栂海新道に通い続けている。

開拓と整備

岩に赤ペンキで書かれた栂海新道の案内(吹上のコル)

山小屋建設のための資材を歩荷する

1969年に完成した初代の栂海山荘

さわがに山岳会による沢を越える架橋工事

黒岩平より長栂方面を望む

1971年6月4日、栂海新道全線開通を祝う

犬ヶ岳山頂

登山口の看板(現在は撤去)。文字は小野さん

さわがに副会長・田鹿健治さんのケルンに合掌する小野さん(栂海山荘横)

黒岩平より下った箇所のステップ作業(ベニズワイ山岳会)

照葉ノ池とたおやかな朝日岳の頂稜

ドンガラ山の会、ベニズワイ山岳会の作業メンバー。後列右からドンガラ会長・佐藤一矢、ドンガラ・星野宗男、さわがに会長・小野健、ほか（栂海山荘前）

NY

犬ヶ岳より見下ろす栂海山荘。奥には黒姫山と日本海

栂海山荘から北又の水場へ補修作業に向かう小野さん

第二部

それからの栂海新道

小野 健

栂海新道の四季

毎年、四月中旬になると山仲間と雪の稜線を歩き、栂海山荘に行って入口扉周辺の除雪と雪囲いの撤去作業をするのが恒例になっている。積雪量は年毎に異なるが、近年少しずつ少なくなってきており、暖冬の影響が栂海の一角にも現れてきている。小屋周りでも特に南側は、例年四～五㍍の積雪があって山小屋は完全に埋まっている。四月の展望はまだ白銀の世界だが、五月に入ると長栂山斜面にはカスリ模様が現れてくる。

この除雪山行が終わると栂海のシーズンが明ける。除雪山行のとき、黄蓮山のあたりに来ると、きまって冬眠から覚めたばかりのクマが木に登ってブナの新芽を食べているのに出逢ったものだが、最近はほとんど見られなくなった。斜面の雪が解け始めると、ブナの幹元に大きな隙間が空いてくる、つまりブナの根開が始まって、新芽も黄緑に膨らんでくる。痩せ尾根には雪庇が不気味に大きな口を開けてきて、やがてブロック状に崩壊して全層雪崩となって西俣沢へ落下する。

五月に入ると、低山帯はいっせいに新緑の世界を迎え、イワウチワ、カタクリ、シラネアオイなどが咲き出す。標高一〇〇〇ﾒｰﾄﾙぐらいになるとムラサキヤシオ、サイゴクミツバツツジの紅花や、紺碧の空に吸い込まれるような純白のタムシバ並木が芳香を漂わせて登山道を飾る。

白鳥山の山開きが終わって六月に入ると、雪解けの早い低山帯から栂海新道の整備作業が始まる。ブナの原生林に青葉の香りが漂うころには、奥山にも本格的な春が訪れ、湿原植物が雪渓の合間から少しずつ姿を現す。ミズバショウの一大群生地も、雪の覆いの下でモヤシのように伸びて真っ白な仏炎苞《ぶつえんほう》を広げて待機している。雪が解けて日光が当たるようになると、一気に葉緑素を合成して青葉に変身する。種苞をつくって子孫を残せるようになると、いっせいに枯れて次の植種に場所を譲っていく。まさに厳しい自然に共生する強靭な生命力を感じる光景だ。

高山の白い山肌が緑色に塗り潰されていくころ、黒岩平のオオシラビソの梢に細長い紫の実がついて、ホシガラスのつがいが盛んについばんでいるのを見かける。この時季は動物たちにとっても緑の楽園となる。沢筋には遅くまで雪田を残し、高層湿原と樹林帯を交互に繰り返して多種類の植生を育んでいる。七月になると、栂海新道や山小屋の整備作業も本格化していく。

梅雨明けには、高山植物がいっせいに花をつけ、原生花園の桃源郷を見せてくれる。主にヌマガヤとチングルマの世界となるが、よく見ると、背丈の違う草花が同じ場所に棲み分けて共生している。背の低い植種にはミヤマリンドウ、トキソウ、モウセンゴケなどが、ヌマガヤの丈を越してヒオウギアヤメ、ゼンテイカ、イワショウブなどが、花の色や姿を変えて存在を誇示している。

長栂山、朝日岳の山頂部の岩礫帯は、地面に張りついた這松とミヤマムラサキ、タカネツメクサ、タカネスミレなど、湿原とは異なる乾性植物がわずかに点在している。まさに栂海新道の夏は、乾性、湿性の多種類のお花畑が続く百花繚乱の世界で、高山植物の種類なら日本随一であろう。

近年はアルプスの秘境といわれて登山者も増加しているが、とくに夏山シーズンは大勢の入山者で賑わうようになった。九月下旬から十月中旬にかけては、アヤメ平や黒岩平は草原の周りの落葉広葉樹であるミネカエデ、ミヤマナナカマドなどが草紅葉に合わせて赤と黄色の絨毯《じゅうたん》を広げて、いっときの絵巻物を展開して、永く厳しい冬将軍の訪れを待つ。十月中旬、紅葉のなかに新雪がきて、厳冬期には場所

梅雨が明けるとアヤメ平はお花畑の桃源郷となる

により五～六㍍の積雪に埋まって越冬することになる。栂海の春は下位から上り、秋は上位から降りてくる。つまり、有史以前より続けてきた四季の変化は、登山と同じように上り下りを繰り返してきたのだろう。

こうして、栂海新道の四季は海岸の低位から生命が蘇って、高山からその営みを閉じてゆく。年間のサイクルの経緯を、色彩の変化で明瞭に表現してくれる。

栂海新道を守る人たち

一九七一年、栂海新道を開通して山荘を建設すると、翌年からは維持管理のための整備作業を開始した。開通したとはいっても、当初は獣道に毛が生えた程度で、登山道とは名ばかりの状態。切株は残っているし、ステップもなく、単に伐り通しただけの空間といったものだった。これからこの登山道をどのように整備していけばよいか、大きな課題を抱えていた。

〇～三〇〇〇㍍の稜線は、高度によって季節が移動していき、場所によって長期に同じ季節を楽しむことができる。例年十月中旬になると白馬岳以北の山並みは、新雪に覆われて純白の山肌に変貌する。雪線の下位は晩秋の黒い岩肌と、すっかり葉を落とした木立ちが続く。高度を下ると色彩豊かな紅葉の盛りから、青葉の世界へと展開していく。四季を先導するのは高山からで、順次下界に移っていくことになる。

こうした変化に富んだ長い登山道を、当初は開通した余勢をかって同じメンバーで整備を進めていった。全コースを三年で一巡するペースで刈り払っていったのだが、三年目になると道型が見えなくなるほど小枝が繁ってしまい、伐開当初と同じぐらいの作業となった。会員もすでに五名になっていた。このような状態では、いずれ登山道は藪の中に消滅してしまうだろう。会員たちもいつ果てるともしれない藪との格闘にうんざりして、体力も気力も限界を感じていた。

こうした現状を挽回するために次の担い手を確保しようと作戦を練っていたころ、私の担当職場が拡大した。すると新職場であるセメント工場から新たな協力者が出現し、一九九〇年代に入ると、外部からボランティアグループの参加も得られるようになった。このセメント工場からの助っ人たちは、その後、さわがに山岳会に参加することなく、ベニズワイガニグループを名乗るようになった。さわがにの名は恐れ多いので、グレードを下げてベニズワイにするというのがその由来らしい。

こうして、新道の年間整備計画は時代とともにメンバーも方式も変化していった。作業形態は、各グループにより異なり、使用道具、藪刈方法にも個性が見られておもしろい。

例年、四月中旬の栂海山荘除雪山行から、栂海新道のシーズンは幕明けとなる。山荘南東面の積雪量は四〜五㍍にもなるので、雪圧から小屋を守るために毎年の除雪は必須である。除雪登山には、新たな岳友も加わって賑やかなパーティーとなる。除雪山行を始めた一九七〇年代は、三保倉尾根の作業道コース経由で入山し、山小屋資材のボッカ山行も兼ねていた。残雪期はブッシュが少ないので、長尺物の荷揚げにはちょうどよかった。逆をいえば、どんな場合も空身で登れる楽な山行は一度もなかった。

積雪量が多く屋根まで埋まっているので、除雪作業はまず入り口付近に穴を開け、次に下部から切り広げながら空間を大きくする。小屋周りと積雪の間を切り離して縁を切ると作業は終わる。作業が一段落すれば、天然冷蔵庫に冷やしたエビスビールで乾杯するのがいつものパターンだ。この楽しみが、除雪山行の苦労を癒してくれるのである。四月中旬にはブナの芽吹きが始まり、ウグイスの初鳴きを聞きながら汗を流したものだ。

開通後十年を経てメンバーが変わると、入山は上路集落から白鳥山経由となった。ときにはミズナラに樹氷を見ることもある。白鳥山北東斜面は近年多くのスキーヤーが訪れる。彼らが気持よさそうに滑っているのを横目に、栂海山荘に向かってワカンでトボトボと登っていく姿は滑稽ですらある。クマ撃ちが入ってくると、先廻りして大声でクマに注意を促す。最近は歳のせいで直接栂海山荘を目指すのがきつくなり、白鳥小屋前泊で行くようになった。この時期は外来登山者がいないので、打ち上げ宴会も遅くまで続く。

恒例の除雪作業が終わると、五月下旬の「海のウェストン祭」と白鳥山山開きを行う。近年は、遠方からの参加者も多く盛大になった。六月に入ると整備用資材をヘリで荷揚げし、雪解けに合わせて低山帯の整備が始まる。藪刈りは、白鳥山北部低山帯〜日本海までは共栄電工社とカタクリクラブ会員が行う。

共栄電工社は上越市にあるＩＴ関連の部品メーカーで、地方紙に登山道整備の窮状を訴える記事が掲載されたことから、応援の申し出があった。各地の事業所より一〇〇名以上が参加して、六月下旬か七月上旬に白鳥山北側の低位部を整備してくれる。出陣式の小松社長訓示では、社員教育の一端として実施するもので、会社が潰れるまでやると参加者に発破をかけている。整備作業に参加してすでに二十年となり、金時坂周辺のステップや階段の取付も一手に実行してくれた。その熱意と実績には頭が下がる。

七月に入ると残雪も少なくなるので、上位の整備が開始される。白鳥山~犬ヶ岳間をカタクリクラブと協力メンバーが、犬ヶ岳~黒岩山間はドンガラ山の会が毎年十数名のメンバーで整備している。ドンガラ山の会は柏崎市の強力助人グループで、この会には私の山仲間である村山治夫がいたことから、協力を願って賛同して頂いた。彼らは、長年にわたって米山登山道を整備してきたセミプロ集団で、毎年十数名が入山し、栂海新道においてもそのパワーをいかんなく発揮してくれる。

また近年、共栄電工OBの岩片克己さんグループが、数名で白鳥山~犬ヶ岳間の一部を刈り払ってくれている。ある日、突然入山して超スピードで日程を消化すると、脱兎の如く下山してしまう。藪刈り影武者的存在で、今後に期待するところ大きい。

最上位の黒岩山~朝日岳間は、さわがに山岳会OBと会友が担当していたが、二〇〇九年から国立公園内のこの区間は環境省の管理となり、担当外となった。

いずれも当初は人力による鉈、鎌、鋸の三種の神器を使って開通し、整備も行ってきたが、その後すべて草刈機に切り替った。大木の樹林帯は下草が生えないが、灌木の切株からは細い新枝が密集して出るためすぐ藪になってしまう。刈っても刈ってても出てくるのでイタチごっこを繰り返すことになる。黒岩平上位には、亜高山の針葉樹林帯と高山性草原帯が断続的に出現するので、ブッシュの再生が遅く整備が楽である。このエリアは山荘が利用できずに幕営となるので、悪天候のときは苦労した。今後はこの区間の整備作業は、朝日小屋が担当することになったので入山不要となった。

毎年全コースを通して整備すると、藪の再生も少なくて翌年の藪刈りが楽になる。草原帯はお花畑も多く、癒しの区間ともなる。ボランティアグループによる担当区間も確定して、栂海新道の整備が進み、立派な登山道に仕上っていった。もっとも、各グループの協力が得られて現体制になったのは、栂海新道を通じた私と岳友との関係から始まったことなので、これを次世代にどう引き継いでいけるかが大きな課題となる。

七月。夏山シーズン前は、増加する登山者が快適に利用できるように栂海山荘の増改築や室内の整備を行う。すでに大きな増改築は七回実施して、建設当初は十名収容だったものが現在は五〇名にまで増設した。自宅も持てずに社宅住まいを続けながら安ボーナスを注ぎ込み、ときに町の補助金や会社（谷村建設）の支援を受けて建てた山小屋である。私にとってはマイホームであり別荘であった。山荘は登山道伐開のベースで、仲間との休息団欒の場であった。登山者にとっては栂海新道縦走を可能にする宿場である。すでに四十年以上も豪雪にも耐え、多くの人達に思い出を残してくれた存在意義は大きい。

八〜九月は個人山行が主体となり、栂海新道の整備作業は夏休みとなる。私は七月上旬に朝日岳から縦走して、登山道の状況を必ず確認することにしている。シーズン前から、わが家にはコース状況の問い合わせと山荘宿泊の申し込みが続き、電話に張りつくこともあるが、これらの問い合わせには最新情報で対処している。七月下旬から八月上旬には、気のおけない岳友と花見登山を行っている。毎年同じコースを同じ時期に歩いても、コース周辺のさまざまな変化、新発見があっておもし

さわがに山岳会の会友であるカタクリクラブによる整備作業

ろい。

十月中旬の連休には紅葉の栂海を歩くことにしている。この時期、アヤメ平から黒岩平にかけての紅葉は、まさに絵巻物を思わせる錦秋の世界である。ときには、新雪をかぶった紅葉や、吹雪に逢うこともある。

十月下旬には、親しき仲間と栂海山荘の小屋じまいに登る。途中、黄蓮のブナ林で天然ナメコをたっぷりと採取。小屋では片づけ、雪囲い、掃除を行って冬将軍を迎える準備をする。作業が終わると、相互に年間活動をねぎらい、ナメコ汁に舌鼓を打ちながら、残ったエビスを飲み尽くして語り合う楽しいひとときだ。やがて晩秋の栂海に別れを告げてシーズンが終わる。

こうした整備の繰り返しがあって栂海新道は維持されている。

海のウェストン祭

親不知は古来より海岸線を道路として通行していたため、荒天時には不通になることが多く、交通の難所といわれていた。一八八三年には山腹に国道が開通し、その後いく度かの拡幅工事を重ね、近年には親不知トンネルが開削されて、かっての難所も瞬時に通過できるようになった。そんな親不知をウェストンが訪れたのは一八九四年七月のことだった。

一九八八年、北陸自動車道の開通を記念して整備された親不知コミュニティ広場に、ウオルター・ウェストンの全身ブロンズ像が建立された。師の全身像は日本では初めてである。町おこしの名所にしようと地元カタクリクラブの主催で、翌年から「海のウェストン祭」が開催されるようになり、すでに二十二回を数えている。

ウェストン祭といえば、上高地のそれがすでに六十数回を数えて有名であるが、実は全国にはウェストンゆかりの地にその功績を顕彰するモニュメントが十六ヶ所もあり、地域ごとに記念祭典が行われている。親不知の像は、日本海を見下ろす断崖に立っていることから「海のウェストン祭」と呼ぶことにした。海のウェストン祭は、毎年五月の第四日曜日、白鳥山の山開きに合わせて実施している。今日ではかなり有名になってきて、全国から百数十名の参加者がある。式典には、オカリナ演奏、雪山賛歌合唱のあと、日本アルプスを世界に紹介した先覚者をたたえて、全員が献花して終了する。そのまま坂田峠へ移動して新緑まばゆい栂海新道を登り、北アルプス最北の一〇〇〇メートル峰・白鳥山頂上にて山開きを行っている。

頂上では、登山の安全を祈願して神主がお祓いをし、「栂海新道開拓の頃」の演題で毎年私が講演を行っている。新道開発の経緯、栂海の四季、新道の特徴と学術的価値、周辺の地下資源（ヒスイ、金山、化石、新鉱物）、山姥の伝説といった故事来歴などを紹介してきた。参加者にはお神酒《みき》、肉汁、汁粉などのサービスもあって賑やかな交歓会となる。

よく、どうして親不知にウェストン像があるのかと尋ねられる。一八九四年七月十九日、日本アルプスの父と慕われたウェストンは、白馬岳登山のため当地を訪れた。その際、飛騨山脈の起点を確認しようと、天下の険・親不知に立ち寄った。

ウェストン、ハミルトン主教、浦口文治東京商大（現一橋大学）教授一行は、直江津より船で糸魚川へ到着、人力車で姫川の浮橋を渡って親不知へ行った。開通間もない国道から日本海の断崖を俯瞰して、ここから南に向かって延びる北アルプスの山並みに想いを巡らせたのであろう。一八九六年に英国で出版された『日本アルプスの登山と探検』によると、親不知は百六十マイル真南の美濃平野に落ち込むアルプス山脈の起点を形成する花崗岩の絶壁である、と記されている。天険の岩壁に

海のウェストン祭にて、参加者全員が像に献花

は、一八八三年に国道の開通を記念して彫られた、中国詩経の一説より引用された「如砥如矢」の刻字が残っている。ウェストンはこの刻字を英訳したが、像の解説板に訳文が記されている。

帰路には、国道建設の功労者で旧青海村村長・富岡磯平を訪ねて、難工事だった道路開削についてくわしく聞いている。旧糸魚川町では古川屋に泊まり、その後、旧小滝村村長・中倉利忠治宅、蓮華温泉に宿泊し、蓮華鉱山道を通って、Orenge（白馬岳。当時は大蓮山と呼んだ）に登頂した。下山途中、雪倉岳山腹で採掘中の鉱山を見学している。

一九七一年、すっかり様変わりした親不知を起点として、朝日岳に通じる栂海新道が地元さわがに山岳会によって開設された。今は夏山シーズンになると、大勢の岳人たちがアルプスと海をつなぐ縦走登山を楽しんでいる。かくして、ウェストン来訪から一世紀の山岳史を辿れば、栂海新道物語へと展開していくことになる。

アルプスと海をつなぐ植生

海岸から高山に続く山稜の植生垂直分布を、一線上に確認できるのは栂海新道以外にはない。親不知の波しぶきをかぶった海岸植物から、低山、深山、亜高山、高山植物へと変化していく。高度差によっても、暖温帯、中温帯、冷温帯、亜寒帯へと移行する。また、植生は高度のほかに地質、地形、積雪、風向きなどさまざまな要因によっても変化する。場所によっては、亜高山帯の下位に高山帯がくる逆転現象もみられることになる。

山並みを形成する地質や地形は、岩質、気象などの自然環境に影響されて、植生分布にも大きく関わってくる。飛騨山脈北延主稜は、三〇〇〇メートルの槍穂連峰に比べても高度のわりに積雪量が多く、高山帯が二〇〇メートルほど下位になっている。アヤメ平や黒岩平の凹地には大雪田があって、長栂山東面には万年雪渓も出現する。このため、一七〇〇メートルの低位でも高山植物の大群落を見ることができる。このほか、高度上限下限、南限北限、蛇紋岩植物、乾性湿性植物等々、栂海の稜線を分布境界とするものも多い。

栂海新道を歩いて、〇〜三〇〇〇メートルの植生を確認してみよう。親不知の断崖付近は海水の影響で常緑照葉樹林が多く、タブ、スダジイ、ウラジロガシ、ヤブツバキなどが繁り、ヨコグラノキは北限となる。岩壁の割れ目にはヒロハヤブソテツ、イワユリがしがみつくように生え、炎天下でも橙色の花冠を空に向けて頑固に咲き誇っている。沢筋や流れの側にはコシノチャルメルソウ、ホクリクネコノメソウ、トキワイカリソウ、シャガ、シャクなどが群生する。

国道八号線を横断すると登山道は樹林帯に入る。まもなくミズナラ優生林となり、海抜二〇〇㍍ぐらいからブナが現れ、高度が上がるにつれてブナの比率が高くなっていく。入道山の山頂では、ミズナラが少なくなって大半ブナが占めている。主幹は太くないが、林立する木幹がそろって見事だ。林道の横断付近から尻高山西部までは、天然スギの巨木やキタゴヨウマツが群生している。林床には市花のササユリが坂田峠付近まで続く。

この尻高山産ササユリの種子は、野生種代表として昨年、国際宇宙ステーションの実験棟「きぼう」のなかで八ヶ月あまり滞在して二〇〇九年七月に帰還した。発芽すれば鱗茎に育て、宇宙帰りのササユリとして地域の山野で増殖を図っていきたい。尻高山ブナ林の周辺は、春の散策コースとして快適である。

坂田峠へは稜線沿いにブナ林が続き、サワグルミ、キハダ、モミジなどが点在する。峠には古びた地蔵が安置され、橋立金山経由の山廻り道として古来より利用されていた。金時坂への急坂を登ると植生も変わり、四月上旬には一面にイワウチワ、カタクリが咲き、まれにイチヤクソウ、ソバナを見ることがある。木本植物では、クロモジ、コシアブラ、ネジキも点在する。登山道整備で伐ったネジキは、愛用の杖にして私の山行にお伴をしている。金時坂の頭の平坦地は、ブナとミズナラの共生帯となる。積雪量の少ない尾根筋は大半がブナ林で、雪圧に弱いブナは沢筋で減少して他種の立木が多くなる。

山姥平への緩斜面は、ブナ、ミズナラにリョウブ、タニウツギ、ミツバツツジ、ハウチワカエデ、ウダイカンバなどもあり、五月下旬には白花のタムシバ並木も出現する。道端にはカタクリが咲き、雪解けに合わせるように開花していく。ミツバオウレン、ツルアリドオシの花は少し遅くなる。北斜面には、雪に潰された鳥居杉が曲りくねって群生し、上部にオオシラビソが一本だけ見られる。シラビソの北限はサワガニ山なので、なぜ白鳥山北部まで達したのか興味あるところだ。

白鳥山山頂はブナが主役となるが、その他ミズナラ、ナナカマド、ユズリハ、リョウブ、タムシバ、ユキツバキなどが混在する。カタクリは全面に広がり、まれに白花もみられる。

白鳥山から南稜を一気に下ると、三〜四月には雪庇も張り出している。白鳥山から栂海山荘間にはハクサンシャクナゲがまったく見られない。ブナは西面の富山県側にのみ発達し、東面新潟県側には線引きしたように消えている。これは積雪量と雪庇の張り出しに関係があるのではないか。

下駒ヶ岳北部には南限の天然スギが数本あり、なぜ一二〇〇㍍まで飛び火したのか不思議だ。細稜の東西は積雪量や動きが異なるので、植生が大きく変わる。東面にブナが成長しないのは弾力性が小さいので雪圧に弱く、育苗されないのではないか。ハクサンシャクナゲは、周りの樹丈が高いと日照不足となって生育できないのだろう。

菊石山を下り、黄蓮山の鞍部には西側斜面にブナの原生林が発達し、沢筋には滲透水が流れて、登山者に貴重な水場を提供している。私はこのブナ林が好きで、四季を通して写真を撮り続けてきた。四月下旬になると、主幹から根開きが始まり、黄緑の芽吹きが見られるようになる。よく冬眠から覚めたクマが、木に登って枝をたぐり寄せては新芽を食べている光景をよく見たが、今はその姿を確認することもなくなった。駆除数の増加に伴って絶対数が減少してしまい、このままでは絶滅してしまうだろう。落葉したブナは白い肌をむき出して天空を刺すように伸びていて、その姿に力強さを感ずる。

栂海山荘に近づくと、シラネアオイ、サンカヨウ、イワオトギリ、クサボタン、カワラノマツバ、オニシモツケ、やや遅れてマツムシソウなどが賑やかだ。尾根筋にはダケカンバの白肌も目立つ。栂海山荘は縦走路の中間地点にあたり、夏山シーズンには宿泊者で賑わっている。

犬ヶ岳は岩峰の強風帯で、山頂のコナラ、コメツツジ、ハクサンシャクナゲ、キタゴヨウマツなどの立木も矮性となり、視界を遮るものはない。岩盤にはコケモモ、イワハゼ、イワオトギリ、コゴメグサ、タカネマツムシソウなどの高山植物も見られる。山頂からの展望はすばらしく、南には朝日岳の稜線から立山連峰、東に頸城アルプス、北に白鳥山から日本海への北延主稜が続き、アルプスと海をつなぐ絶景がある。

犬ヶ岳以南は黒岩山まで細稜が続く。典型的な非対称山稜を形成し、東面に張り出す雪庇は見事なアルプス芸術の造形を見せる。西側にはブナ林が発達しているのに対し、東側にまったく見られない区域が多い。稜線上にはハクサンシャクナゲ、ミヤマホツツジの密集箇所が続く。サワガニ山北部にオオシラビソの群生地があり、ほぼ北限となっている。この区間は単調な尾根歩きの低木帯となり、盛夏の縦走は厳しくなる。文子ノ池付近は八月上旬まで雪渓を残し、チングルマとヌマガヤの境界部に明瞭な不可侵線を確認できる。

黒岩山は来馬層群の基底礫岩となるが、細稜地形から一気に広大な平原地形に変わる。地質が変わると地形も変化することが多い。各所に高層湿原の池塘や草原帯が出現する。小さな池塘の周りには、ワタスゲ、モウセンゴケ、ミズバショウ、ミヤマホタルイ、水中にはミツガシワがあり、やや乾燥域にはヌマガヤとチングルマが一大群落をつくる。ヌマガヤの根床にはトキソウ、ミヤマリンドウ、そして高茎植物のゼンテイカ、ヒオウギアヤメが頭を出している。つまり、草原帯では多種類の植物が立体的に共生しているのだ。沢水がデルタ状に拡散する湿原には、最初ミズバショウが現れ、終わるとリュウキンカ、ミツガシワ、ワレモコウなどが次々に時間差をつけて棲み分けている。植物界はそれぞれの環境に適応して、時間差や立体的に共生しながら生命をまっとうしてきた。

黒岩平からアヤメ平にかけての凹地には遅くまで雪田が残り、高山草原を広げる。尾根の高位部は雪解けも早く、オオシラビソ、コメツガ、キタゴヨウマツ、ダケカンバ、ミネカエデなどの樹林帯を形成する。同じ斜面でも、地形により植生が亜高山帯と高山帯に分れてしまう。雪田周辺は、同一場所でも雪解けに合わせるように次々に発芽して花をつけて、同じ時期に秋を迎える。黒岩平周辺では、狭い範囲で四季を感じることができる。

アヤメ平は、適度な融雪水が供給されて、多種類の植種が共生して百花繚乱の桃源郷を見せてくれる。ハクサンフウロ、クロトウヒレン、ヒナコゴメグサ、ヒオウギアヤメ、エゾシオガマ、シロウマアサツキ、ミヤマアケボノソウ、ミヤマアズマギク、クルマユリなど、あげればきりがない。登山者も歓声を上げて、歩みが止まってしまうところだ。

再び樹林帯に入って長栂山の蛇紋岩砕屑原に出ると、乾性の植物に変わる。周氷河地形ともいわれる風衝地で、根が深く乾燥に強い植種が点在している。二二〇〇㍍ぐらいに這松、ミヤマネズなども地面に這っている。タカネスミレ、ミヤマムラサキ、ミヤマウイキョウ、イブキジャコウソウがあり、這松の枝下には、タカネバラやユキワリコザクラも見られる。北アルプス高山の這松と比べると二〇〇〜三〇〇㍍低位に現れ、一部キタゴヨウマツと混在している。

再びシラビソ、ツガの林を抜けると視界が一気に開けて、正面に白馬岳を主峰とした蓮華山群が現れる。ここから栂海新道は南西に方向を変えて草原の縁を歩く。左下に見える二重山稜の凹地には遅くまで残雪を浮かせた二つの池があり、前方が照葉ノ池だ。池畔はチングルマの群落で、まれにピンクのタテヤマチングルマに出逢うこともある。最終の草原は嵩上げした木道を歩き、ツガ林を抜けると栂海新道の起点・吹上のコルに出る。這松の根元にはリンネソウが数輪咲いている。大きな岩礫に「栂海」「日本海」の案内が目立つ。コルには北限下限のウルップソウが点在している。縦走者には、ここからたっぷり二日がかりの日本海が待っている。

蓮華温泉との分岐からは朝日岳東斜面の登りとなる。日本アルプス最大の蛇紋岩斜面である。最初は表面風化帯でまったく植生をつけていない。植種は長栂山山頂とほぼ同じとなるが、風雪の強い北側にウルップソウが多く、開花も七月上旬と他種より早い。植生の多いところには、タカネスミレ、ミヤマムラサキ、ミヤマウイキョウなど好蛇紋岩性の植種が分布し、やや東面にはミヤマアズマギク、ウサギギク、ハクサンシャジン、イワシモツケ、タテヤマウツボグサなどが点在する。融雪水の多いところは、コバイケイソウ、ハクサンフウロ、シナノキンバイ、ハクサンイチゲなどに変わる。朝日岳の東斜面には万年雪を残すが、完全に消滅する年もある。

朝日岳山頂は平坦な山容をなし、北西面が風衝帯の砕屑原で、タカネイブキボウフウ、イブキジャコウソウ、タカネマツムシソウ、タカネナデシコ、ミヤマムラサキ、タカネスミレなどの高山植物帯となる。朝日小屋方面への木道を境に、南側は全面這松に覆われてまったく異質の植生分布になっている。

以上、海岸植物より二四〇〇㍍の高山帯までの栂海新道全コースをトレースしたが、高度、地形、地質による植生変化を理解いただけたかと思う。アルプスと海をつなぐ植生変化を登山道で確認できるところが、このコース最大の魅力といえる。

二〇〇九年、栂海新道は世界ジオパークの一つに指定されて注目されるようになった。近年、アルプスの秘境として人気が出てきたが、アルプス縦走の果てに日本海に飛び込んでフィナーレを飾れば、感動もまたひとしおであろう。

飛騨山脈北延の地質と地形

一九九六年、旧青海町（現糸魚川市）に地元の地質的特徴を展示解説する青海自然史博物館が開館した。私も企画展示委員として参加し、日本の高峰三十座、〇～三〇〇〇㍍の地質、地形、植生のコーナーを設けた。高峰三十座の山頂の石を説明することによって、日本列島の骨格を形成する付加体地層の解説にもなっている。栂海新道は、日本列島最古の付加体である飛騨外縁帯に属し、北端の起点となる。泥質頁岩の白馬岳から日本海に向かってアルプスの稜線を辿ると、飛騨外縁帯の古生層は雪倉岳、朝日岳、長栂山を経て黒岩平まで続く。その間に新期の珪長岩、流紋岩が介在して小刻みに変化する。雪倉岳山頂の結晶片岩は、縞模様が細かくて目立っている。朝日岳は変成度が弱く、頁岩、千枚岩、準片岩となる。頂上は北西側が周氷河地形の風衝帯で、南側が全面這松帯になっている。頂上から下った北東斜面は一大蛇紋岩斜面で、植生がまばらである。この蛇紋岩帯は、夕日ヶ原、朝日平から吹上のコルへと続き、栂海新道上にも各所に現れる。千枚岩、はんれい岩、輝緑岩などの境界部には決まって蛇紋岩が迸入《へいにゅう》している。蛇紋岩層のなかには、まれに滑石を介在しているが、これは子供のころよく落書きに使った懐しい思い出がある。蛇紋岩の山には、夕張岳《ゆうばりだけ》、早池峰山《はやちねさん》、至仏山《しぶつさん》、谷川岳《たにがわだけ》などあるが、朝日岳が最大の分布になるだろう。

地形は、白馬岳以北は同じようなたおやかな山並みが続き、登山コースとして危険なルートはない。アヤメ平～黒岩平まで蛇紋岩をはさむ古生層の緩斜面が続く。長栂山から北東斜面は積雪量も多く、六月頃までは大量の雪原が残り、春スキーのゲレンデには好適地になる。ただし、荒天で視界が悪くなると方向感が狂うので要注意だ。

黒岩山で古生層から中生代ジュラ紀の来馬層群に変わるが、この断層面から地形を一変して、広大斜面をトコロテンのように押し出した細稜となる。平坦地形から細稜になると積雪の形態も変わり、非対称山稜や二重山稜を形成して植種や立木の生育状況も変化する。ジュラ紀の堆積岩類は、来馬層群と呼ばれて黒岩山より白鳥山北部まで連続し、化石を多く産出するので有名だ。

犬ヶ岳山頂は、来馬層の間に流紋岩や閃緑玢岩が介在して珪質な岩盤になっている。東西面が尖った細稜で、南北面が台形をなしている。犬ヶ岳という名は東西面の山容からの呼称であろう。山頂の尖峰から四方に源流、源頭が分かれる。すなわち、北にアイサワ谷（青海川）、東に西俣沢（小滝川）南に北又谷（黒部川）、西に似虎谷（境川）となる。山稜は東の旧町界尾根、西に初雪山への分水嶺、南北に栂海の主稜線となる。

犬ヶ岳以北には部分的な崩壊崖、ブナの原生林、黄蓮ノ水場などがある。栂海新道の水場は四ヶ所あるが、縦走路に水場は不可欠なので、いずれも伐開作業中に苦労して探し当てたものである。菊石山は三保倉作業道との合流地点で、北部の砂岩、泥岩露頭よりアンモナイトの化石を発見したので、その和名を山名とすることにした。白鳥山に近づくと、砂岩の間の泥岩層より、クラドフレビス、ポドザミテスなどの羊歯類、球果類、イチョウ、ベネチテス（ソテツモドキ）、二枚貝など、中生代に繁栄した多種類の化石を採取できる。

白鳥山頂上北部まで続いたジュラ紀の来馬層は、ここから白亜紀の手取層に変わる。この年代の地層からは全国各地で恐竜化石が産出されていて、当地にも発見の可能性があり太古のロマンを秘めている。シキワリの水場付近には、橋立金山方面から延長する飛騨外縁帯の結晶片岩、蛇紋岩、新生代安山岩などを確認できる。金時坂の急坂から坂田峠、尻高山にかけては、尻高山礫岩層が広域に分布している。この礫岩層中の礫には、十億年前の大陸起源のオーソクォーツァイトというピンク色の石英があり、多くの人が採取、ペンダントなどに加工されて話題になったことがある。

金時坂や坂田峠は、山姥の伝説にまつわる地名であるが、峠は橋立金山経由の旧山廻り北陸道で栂海新道と交差している。一八九九年には金山製錬所に水力発電所が建設され、当地方では最初に電灯が灯ったところで、当時の鉱山生活を偲ぶことができる。金山元山西側の蛇紋岩帯ではヒスイ原石を発見、採掘されたこともある。

ヒスイ採掘に関しては、面白いエピソードがある。地下資源を採掘する場合は、鉱業法、採石法、砂利採取法などが適用されるが、ヒスイはこの三法の対象岩石ではなく、成因的には蛇紋岩に近いからと、私が依頼されて蛇紋岩の採石権を取得して採掘していた。すると、長石の試掘権を取得していた者が、鉱業法で同じ場所を採掘し始めたために裁判となった。ヒスイ原石は鉱物か岩石かという判定を、地質学界でなく司法界で決めることになったのである。この裁判は十二年の歳月をかけて決審。その結果、ヒスイはヒスイであって、法律上の岩石でも鉱物でもないという判定だった。

話を戻そう。ブナ林に覆われた尻高山は、尻高山礫岩の原名となった山で、西面が二つの膨らみのあるお尻のような形状をしている。二本松峠の鞍部にて、白亜紀中期・後期の地層から古第三紀にかけての火山灰質親不知火山岩類に変わる。二本松峠にはマツの大木が二本あったが枯れて倒れてしまった。

飛騨山脈先端となる親不知の断崖は、海底火山灰により岩礫が捕獲された岩石で、軟質の凝灰質角礫安山岩と呼ばれている。一八九四年、ウェストンは親不知の開通間もない国道上から断崖を見下ろして、この地が日本アルプスの起点であるといっている。ウェストンは日本アルプスの起点・親不知の岩石を花崗岩と判断した。

栂海新道の地質は、上位の古生代地層から、日本海に向って中生代、新生代と新しくなっていく。このコースをトレースすれば三・五億年の地球の歴史を辿ることができるのである。

糸魚川ササユリの宇宙旅行

二〇〇八年十一月、スペースシャトル「エンデバー」は糸魚川市花「ササユリ種子」を乗せて飛び立ち、宇宙ステーションとドッキングした。このとき選択したササユリ種子は、私が勤務する会社の研究所で交配した四種類と、市内三ヶ所の野生種を混合したワイルド一種となる。

日本を代表する花として宇宙に飛んだのは、サクラ、スミレ、ササユリ、ミヤコブサの四種。有人宇宙システム社が、日本の実験棟「きぼう」を舞台にしたミッション「花伝説・宙へ」を企画し、糸魚川ササユリ種子はこのミッションにより九十分で地球を一周、飛行日数二五八日、地球を四一〇〇回周り、若田さんとともに二〇〇九年七月下旬に帰還した。そして同年九月、市役所にて小学生も参加して、盛大な返還のセレモニーが行われた。

日本の在来ユリは四属十七種あり、花の形状により分けられている。四属はテッポウユリ、ヤマユリ、スカシユリ、カノコユリに分けられているが、ササユリはテッポウユリ属に入る。ササユリは、暖温帯の多年草で、葉が竹ザサに似て、芳香のある淡紅色の花をつける。北部フォッサマグナ帯（新潟県上越地方）を北限に、西南日本側全域にみられる。学名は「Lilum Japonicum」、つまり「ニホンユリ」と呼ばれる日本の代表種だ。

糸魚川産が選ばれたのは、今回のミッションを企画した有人宇宙システム社の長谷川洋一さんと私の出逢いにあった。長谷川さんは東大農学部出身の科学者で、「谷山稜」のペンネームを持つ小説家でもある。三年前、アルプスと日本海をつなぐ栂海新道の小説を書きたいと、取材のためにわが家を訪れた。このとき、新道開拓の経緯や職歴などを語り、現在は畑違いのバイオ研究所で地元産ササユリの増殖を目指していることを話した。

ササユリは糸魚川のほぼ全域の里山に自生し、市の花に選ばれている。しかし近年の乱掘で激減し、県の絶滅危惧種に指定されている。私が勤務する谷村建設は、谷村緑花研究所を設立。元新潟大学の上宮修清氏からバイオによる増殖技術の指導を受けてササユリを増殖し、自生地の再生や地場産品としての販売に向け、地域貢献できる新規事業に取組み、十数年かけて大量生産を実現した。

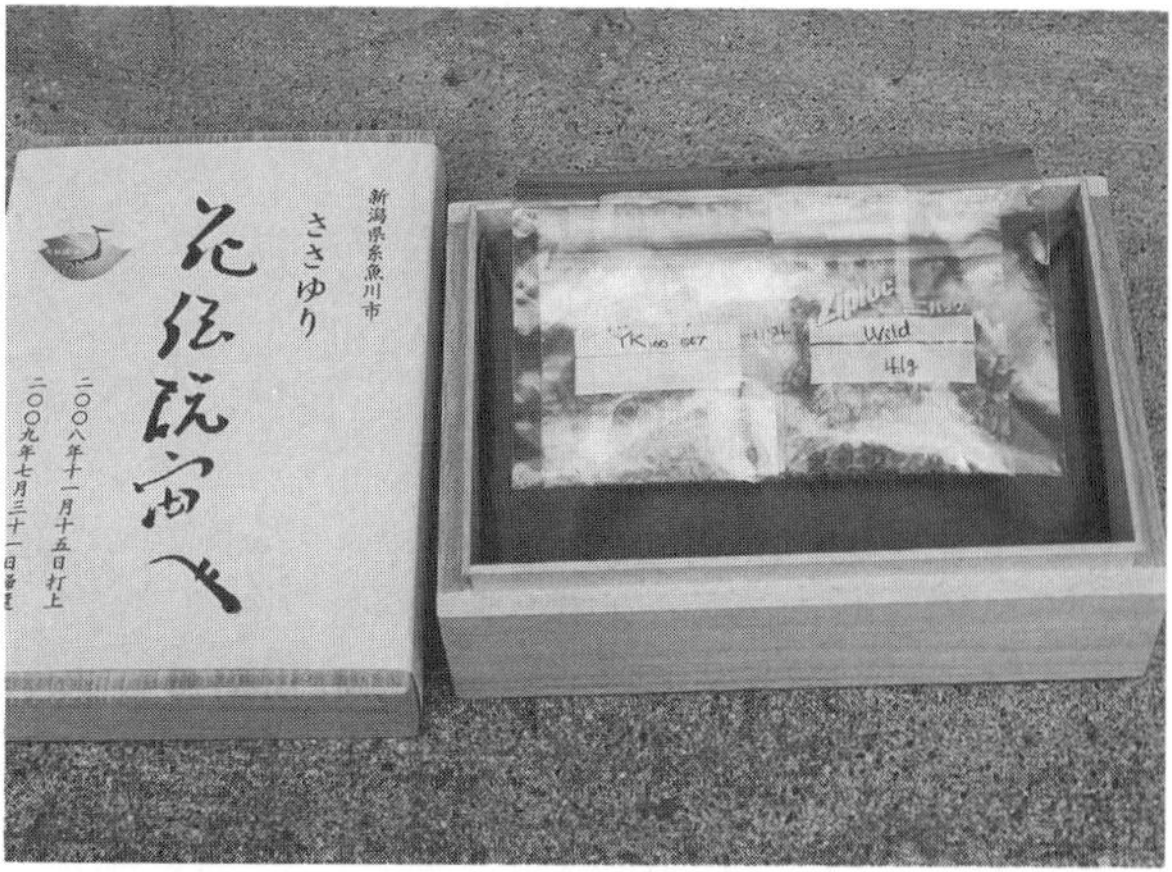

栂海新道が縁で、宇宙を８ヶ月余り飛んで帰還した市花のササユリ

そんな話をしたことも忘れていた二〇〇八年三月、長谷川さんから突然、「ササユリの種子を宇宙に持っていきたいので、種子を用意して欲しい」という話が舞い込んできた。通常、ユリの種子は十月にならないと完熟しない。八月下旬までとなると、かなり人工的な操作をしないと種子の採取が困難だが、研究所で種々対応して、九月八日に無事に長谷川さんに引き渡すことができた。

アルプスと海をつなぐ栂海新道がササユリ種子の宇宙飛行の仲介役を果したのも不思議な縁である。半世紀にわたる栂海新道の藪刈り道楽人生を通して、出逢った人々との関係から生まれた奇跡であろう。

里帰りした宇宙ユリを今後どのように活用していくかは検討中だが、とにかくこの種子を発芽させ、鱗茎に育てないと宇宙の夢も育たない。現在、研究所では総力をあげて発芽促進に取組んでいる。同行したサクラは芽を出して苗に成長したという知らせも流れてきた。近いうちにササユリ発芽の明るいニュースも発信したい。

今後、宇宙ササユリを大量に増殖し、市民の憩いの場としてササユリの森を作り、地元の学校にも提供して、子供たちに育ててもらって宇宙への夢を広げたい。宇宙空間の無重力を体験した種子がどのように生育するかも興味深い。地域の人たちが宇宙帰りのササユリを通して地球環境を考える契機とし、町おこしに活用してもらえたらと願っている。

ふるさとカレンダー

自作のふるさとカレンダーを出すようになってから、はや二十三年になる。この地で生活するようになってから半世紀。糸魚川地方の自然的特徴に魅せられて、写真で紹介することにしたが、将来、町づくり資源として活用できるようになるとの想いもあった。

当地方は日本列島の中央部に位置し、姫川沿いに糸魚川～静岡構造線が走り、東北日本と西南日本に分けられている。東北日本側には日本列島誕生に関係するフォッサマグナ帯（大地溝帯）がある。西南日本側には飛騨山脈（北アルプス）が連なり、最北部には世界ジオパークの一つに指定された、アルプスと海をつなぐ栂海新道がある。周辺には天然記念物のヒスイ峡、日本海側最大の黒姫山石灰岩、飛騨外縁帯など新旧地層が分布して、岩石の種類では日本一を誇っている。フォッサマグナ帯には、新生代堆積岩に活火山の焼山が噴煙を上げている。

カレンダーは、これら地元の自然を季節感が出るように組み合わせて編集し、地質的解説によってアカデミックな雰囲気を表現した。フォッサマグナカレンダーと呼んでいるものの、大半の写真は栂海新道の四季が主体になっているのは、被写体との接触回数が多いためである。

厳冬の山岳写真は、半世紀も続けてきた年末年始登山の中から選択しているが、正月は好天に恵まれることがまれなので、見映えのよい写真を確保するのに苦労している。

毎年、季節ごとに栂海新道を縦走して、残雪期の雪景色、新緑、高山植物のお花畑、高層湿原の紅葉など、四季の変化を繰り返してとらえてきた。特に女性には高山植物が大変人気で、二ヶ月分を掲載している。もちろんタイトルがフォッサマグナだから、十二月は地質編として必ず地層、岩石、化石などから選んでいる。写真はすべて、前年に撮ったものを主体に使用しているので、情景はいつも新鮮だ。

当初は発行部数も少なく、学校、官庁、企業、個人に配布していたが、一九九四年より地方紙にカレンダー発行の目的などを説明し、抽選で五〇〇名に進呈するという記事が紹介されると、毎年一二〇〇通ぐらいハガキの申し込みが届くようになった。

毎年希望者に配布していると常連者も増えてきて、さまざまな感想が寄せられる。へたくそな写真暦にもかかわらず、時間を経ていくうちにそこにも小さなドラマが生まれてくるのがおもしろい。

山が大好きな夫が入院したので、病室に下げて元気づけてやりたい。山登りに夢中になっていた娘がようやく嫁に行ったので、嫁ぎ先に送ってやりたい。栂海新道は憧れのコースだったが、縦走を果たせずに歳をとってしまったのでせめて写真を見て満足したい。各月一枚ずつ写真の印象を知らせてくる人もいる。この人は初版から使用せずにファイルして永久保存版にしているとか。山中でまったく覚えのない人からカレンダーの感想を聞かされることもあって、そこから山談義に発展することも少なくない。

親しい友や山仲間には年賀の山便りとしても喜ばれている。当初は、こんなに長く続けられるとは夢にも思っていなかった。ただ、自分が撮り続けてきた写真を整理して、気に入ったものを選んで暦にまとめただけで、個人的なアルバムみたいなものかもしれない。むしろ自分の好みを他人に押しつけてきたような気もするが、ハガキの数をみれば少しは魅力があるのだろうか。

今では歳八十近くなり、やっと歩いている始末だから、決定的瞬間を狙う余裕もなくなってきた。印刷はすべて私が関係している会社がスポンサーになってくれたために続けてこられたもので、感謝している。二十三年間の題材を見ていると、私の山歴や編集の狙いも見えてくる。

私の机上に積まれたうずたかいハガキの山と五〇〇部の抽選発送騒動は、年末の風物誌となった。ふるさとカレンダーが、当初の目標をどれだけ発信できたかは定かでないが、居間の片隅を飾っているところをみるとそれなりの効果はあったのだろう。老体を労りながら通年被写体を求めて彷徨し、継続して県内各地に発送してきたのは、ふるさとの自然に対する憧憬と、その気持を少しでも発信したかったからだ。関係会社の協力と地域貢献、愛用者の声援も継続に一役買っている。

地方の片隅に芽生えた小さな町づくり運動が、細やかなカレンダー文化を育んできたと自負している。

山の神様になった話

一九七〇年代の『山と溪谷』誌に「とっておきの話」という投稿欄があった。私にとっては一生に二度と経験できない珍事、いや大事件と思って、ここに投稿したことがある。

この記事は、一九七六年二月号に掲載された古い話である。例年、年の瀬が近づくと、今年こそはわが家で家族と共に暖かい誕生日（＝大晦日）を過ごし、新しい年を迎えようと思うこともあった。しかし、年末年始は必ずどこかの山中で迎えようと決めたのは、さわがに山岳会結成時の自分の二大目標の一つでもあった。しかも、そのときすでに十三年も続けてきたのだから簡単にはやめられなかった。

その年も年の瀬になると落着かなくなり、近隣の山にしようと思いつつ大糸線に乗り込んだ。会社の勤務を終えてからの出発だったので、小滝駅を一人下車したときは暗くなりかけていた。年末にしては珍しく暖かで、霙《みぞれ》混じりの闇道を小滝川に沿って歩いていった。暖かいとはいっても、豪雪地である瀬野田集落に入るにつれて踏跡はあるものの雪嵩も増してきた。雪深い山麓の集落は、しがない一介の外来山狂などにはまったく関心がなく静まり返っていた。庭先にある柿の大木の幹に居並ぶ道祖神が頭だけ出していたので、馴染の挨拶をして通り過ぎる。

集落を抜けると踏跡もなくなり、ワカンをつけない足が潜って歩きづらい。竹藪は雪に押されて勝手に曲りくねって道を塞いでいる。あたりは暮色に包まれ、雪明りが案内をしてくれる。無雪期には、ヒスイ峡や明星山南壁のクライマーで賑わうこの道も、深雪にすっかり隠れている。やがて道端のスギ木立の間に小さな鳥居が見えた。二棟の祠を横目にかすめてしばらく歩くと、テント場に予定していた平坦な場所に着いた。

テントを張って落ち着いたころ、コンロの音色を聞きながらいつもの甘納豆のつまみとサッポロ黒ラベルを飲みながら、たった一人だけの誕生祝いをしていると霙が強くなってきた。酔いがまわるほどに、テントの角から雫が垂れ落ちてくる。これでは濡れてしまってとても落着いて歳をとれないと思案し、とっさに入山時に通ってきた神社を一夜の寝ぐらに借りようと、テントを撤収して鳥居をくぐった。社殿が二棟並んでいたので、東側の古びた小さいほうを借りることにした。正面に神棚があり、ムシロが敷いてあって一人が足を伸ばせるぐらいの広さがあった。神棚には新しい供物が並んでいた。隣の社務所は広くて新しかったので、元日には参拝者が来る予感があった。

とにかく、ムシロにシュラフを伸ばして潜り込み、どのぐらい寝ただろうか。神室の節穴から聞えていた雪解けの滴る音に混じって、新年の静かな安らぎに異常を感じた。すると雪明かりのなかで、いっせいに数人の声と柏手の音が響いてきた。神とともにあった一人だけの平和な一夜は一瞬にして消えてしまった。元旦の未明、除夜の鐘とともに、村の鎮守さまに集落の長老数人が初詣にやって来たのだ。そして神殿に額《ぬか》づいて柏手を打ち、黙禱した。

自分は今、瀬野田集落のご神体になっているのだ、と思うと身体が震え出して硬直する。もし社殿に入ってきたらどうしよう。神様扱いどころか、きっとクマか泥棒に間違われて袋叩きにされるだろう。いずれにしても、地元の厳粛な年の初めを撹乱した外敵として恨まれるに違いない。まともに息をすることもできなくなって、ますます硬直していった。

こうなれば対応策は一つ、神様になりきってその絶対的威厳をもって対応するほかないだろう。社殿に入らずとも、家内安全、集落豊穣をかなえてやる以外にない。そうだ、俗人の汚れを払拭して生き神様になってやろう。そして「今年はきっと、集落に最高の恵みをもたらしてやるから気遣うでない」と。

これは一夜漬け神様の、呼吸をも停止しての必死の祈りでもあった。すっかり雪に変わって明るさを増してきた節穴からは、社殿前の長老会議の様子が見えてきた。しばらく隣の社殿に上がり込んで一時間ほど新春放談をしていたが、御神酒もまわって上機嫌になったころ、再び社殿前に勢ぞろいした。

「今年は良い年になりそうだぞ」。神に代わって下界のお祓いをしてやろうというのか、いっせいに集落を見下ろしてパチパチと手を打った後、満足そうに住み慣れた我が家のほうに下りていった。

やはり自分は俗事を捨てて神様になったのかなと錯覚しながらも、硬直した体は次第にほぐれ、自然体に還っていった。肝心の元旦登山は、藪とラッセルで登頂を果たせずに下山した。

あのときお世話になった東側の神社も、すでに倒壊してなくなっている。

栂海新道から生まれた名品たち

海のウェストン祭もすでに二十二回を迎えた。十回記念のときには、「アルプスと海をつなぐ栂海新道」とプリントしたTシャツを実費販売してみた。私が揮筆し落款を押したものを毎年五十着つくり、受付に置いたら意外と好評だった。その後、朝日小屋からも依頼があって一般登山者にも販売されている。

この名入りTシャツは下界でも着られているようで、私が東京に出たときに、山手線内でオバサンが着ているのを見かけたことがあった。思わず「栂海新道に行ったのですか」と尋ねてみると、「関係ないでしょう」とのつれない返答。一瞬「誰が作ったか知っているのか」と聞きたくなったが、懐しさは一気に冷めて、むしろ腹立しく思った記憶がある。

また朝日小屋や栂海山荘では、着たままのシャツにサインを求められることがあるが、汗のしみた着衣にそのまま書くのは大変難しく、形にならずに苦労する。

近年、この栂海新道Tシャツで縦走する登山者が多くなった。こうして、同じものが増えてくると新鮮味が感じられなくなるので、新たに書き直してさわがに山岳会名入りの新作を二十枚限定で制作し、親しき人たちに配布した。Tシャツは消耗品みたいなものだから、これからも気分転換に新品を出して、栂海新道の歴史に細やかな足跡を残していきたいと思っている。

もうひとつの名品を紹介したい。こちらは二〇〇三年十二月号の『山と溪谷』誌の「やまのお・や・つ」最終回にも紹介された名菓である。

「今回紹介するお菓子は、栂海新道の海側の玄関口にあたる青海町（現糸魚川市）の長野屋菓子司が作る抹茶きんつば『栂海新道』。きれいな深緑のきんつばをひと口かじると、なかには一粒一粒を丹念に煮上げた小豆の粒。小豆のほんのりとした甘さと抹茶の風味がふわっと混ざりあって上品な味わい」と紹介されている。

すでに二十数年前になろうか、私が社宅に住んでいたころである。長野屋さんの若奥さんが訪ねてきた。話を伺うと、栂海新道という銘柄の菓子を作りたいが、了解頂けるだろうか、とのことだった。「おもしろいではないですか。どうぞ栂海新道のイメージに合った旨いお菓子を作ってください」。たしか、こんな返答ではなかっただろうか。内心、栂海新道が地場産品として下界でも活かされて、登山者の

栂海新道の副産物として誕生した名菓「栂海新道」

おみやげになるかもしれない、という期待もあった。

「栂海新道のイメージに近いものを作りたいなら、一度歩いてみたらいかがですか」

「山の経験がまったくない私でも登れるでしょうか」

「今年の町民登山は一部栂海新道を歩き、栂海山荘に泊まるので参加したらどうですか」

一九八八年、第十回町民登山には三十六名の参加者があり、中俣新道〜黒岩山〜栂海山荘泊。翌日は白鳥山を経て日本海まで縦走した。長野さんは生け花の師範でもあり、この登山で新道の片鱗は感じとったと思う。

最初の菓子はモナカになり、品名は私が出版した『栂海新道その自然』のタイトルを採用し、栂海新道紹介の栞と地図を添付した。その後、長野さんは何度か縦走して栂海の自然に接すると、試行錯誤の結果モナカからキンツバに替わった。キンツバは抹茶を塗布して六面を手焼きし、栂海新道の山並の焼印を押すほど徹底してこだわった。

まさか栂海新道がお菓子になるなど思いもよらなかった。今日では地元の名菓となり、朝日小屋のデザートにも利用され、登山者の踏破記念みやげとしても好評である。長野さんは、その後カタクリクラブの重臣として活躍されているのだから不思議な縁である。

藪刈りと缶ビール

藪刈りを始めた当初、ビールはビンが主力だったので、山のお伴には決まってウイスキーを持参した。当時はウイスキーも高価で貴重品だったので、毎日現地で飲む量も制限されていた。ビンに線引きをして日付けを記していたので、この線を低下するといつも大騒ぎになった。

缶ビールが汎用品になってくると、必ず背負って現地入りした。黒岩平のあたりはいつも冷たい沢水が流れ、登山者の貴重な水場になっていた。手の切れるような雪渓の水に冷えた缶ビールは、五臓六腑に滲み入る魔薬の味であった。栂海新道の伐開から子守りに至る、半世紀を支えた活力剤でもある。近年はその銘柄もエビスの黒にこだわっている。

さわがに山岳会の藪刈り隊には缶ビール担当係がいて、山行時には常にボッカを任されていた。ところがあるとき、黒岩平をベースにして新道整備するため入山した際に、そのビール担当者が体調を崩して同行できなかったことがあった。各自が持参したぶんは初日に飲み干して難儀していたところ、たまたま取材で同行していた山と溪谷社の森本和夫さんが、朝日小屋まで一日がかりで買い出しに行ってくれて、二日分ぐらいは確保できた。

夕刻、ビール担当者が一箱背負って中俣新道から登ってきた。下痢で苦しんでいたのだが、仲間の不満を察知してか青い顔をして重いビールを届けた。その責任感の強さに一同感服しながら、夜は朝日小屋からのぶんと合わせて大宴会となり、十分英気を養って翌日の藪刈り成果が上がったのはいうまでもない。

その後、栂海山荘も整備され、ヘリコプターによる荷揚げが可能となって、倉庫には黒エビス、ワイン、日本酒、焼酎、ウイスキーなども十分確保できるようになり、ハードなビール担当係も解放された。

栂海新道で飲むビールには不思議な魔力があって、今も整備作業の番外主役になっている。常に仲間とのコミュニケーションの場で親交を深める効能があった。飽食の時代、日常生活では缶ビールの存在など取るに足らないものかもしれないが、山中ではかけがえのない逸品に変身する。栂海山荘では藪刈り仲間たちが、一日の成果を語る潤滑剤の働きもしていたし、栂海新道縦走中の語らいの場にも缶ビールはいつも登場した。朝日小屋でも、特別にエビスを荷揚げしてもらって、宿泊時の楽しみになっている。

かつて、ともに藪を刈り、山小屋を建てて一緒に汗を流した田鹿健治が眠るケルンにもビールをたっぷりと浴びせ、夕食の席に彼を呼び戻している。

栂海山荘に行くと、そこにはいつも黒エビスが待っていて、山小屋での再会にほくそ笑む。それに、甘納豆、豆類、名菓「栂海新道」があればいうことなし。こんな些細なこだわりを半世紀も楽しんできた。

モリアオガエルとドラム缶風呂

三十年ほど前のモリアオガエルの飼育日記について前述したが、ここではもうひとつ、モリアオガエルとのつきあいを紹介したい。

終日、汗だくになって藪刈りを行っていると、体中が臭くなって不快感も増してくる。よく夕食の団欒のひとときに、温泉とか風呂で汗を流したいとの話題が出てきたが、山のなかでは、天水で体を拭くぐらいしか対応できなかった。あるとき、ドラム缶を上げて五右衛門風呂ができないかと思いついた。近年は毎年ヘリコプターで資材や食糧の荷揚げを行っているので、ドラム缶を上げることは不可能ではない。以前、朝日平でドラム缶風呂を楽しんだ話を聞いたことがあったので、栂海山荘にも設置して、汗を流して日本海の漁火を見ながらエビスビールでも飲もうと考えた。五右衛内風呂は底が熱いので、桐の下駄まで用意した。小屋の横に設置して、あとは天水が溜まるのを待つばかり。次回来るときには、雨水が満杯になっていることを期待して下山した。

そして梅雨の盛り。新道整備のために栂海山荘に登ってみると、ドラム缶にはあふれるほどに雨水が溜まっていた。ところがドラム缶の縁には白い泡が盛り上がり、水中にはオタマジャクシが泳いでいた。モリアオガエルが池と間違えて産卵してしまったのだ。流してもう一度やり直そうかとも思ったが、放り出すのも可哀想になってそのまま放置することにした。ドラム缶内は栄養不足のためにカエルになるのも遅く、秋になってもオタマジャクシは残っている。

モリアオガエルの産卵は六月中旬になるが、この時期に新道整備に入山すると、いつもオスたちの求愛唱歌の最盛期にあたる。体の大きいメスが産卵を始めると、一匹のメスにオスが数匹乗って小競り合いになる。そのうち、オスたちは無益な争いはやめようと申し合わせ、メスの背中に数匹のオスが乗って平和な産卵となる。メスも平等の精神を心得たもので、泡を四方に膨らませてそれぞれのオスにチャンスを与えている。一妻多夫の平和な同時産卵風景を見せてくれるわけだ。

こうしてドラム缶は今年もモリアオガエルに占領されて、取り戻すこともかなわずに、ドラム缶風呂はいまだに実現していない。

継続は成果なり

太平洋側のいわき市の片田舎から、日本海側の富山県境青海町（現糸魚川市）に来てすでに半世紀以上になる。よそ者のつもりだったが、いつの間にかこの地をふるさとと思うようになった。

当地に来て最初に感動したのが、黒姫山山頂から見たアルプスより日本海に至る飛騨山脈の山並みであり、もう一つが青海川上流で見つけた片理構造の見事な角閃石片岩の大塊だ。この二大宝物との出逢いが、後に私の人生を大きく狂わせることになった。

私は鉱山屋なので、電気化学工業（株）青海工場では石灰石鉱山に勤務し、化学工場の基幹原料として年間三〇〇万トン以上採掘していた。自称ダイナマイトの先生で、定年後も七十五歳まで保安講習会の講師を担当した。職務の後半は、鉱山とセメント工場も兼務して勤続三十二年間、同じ工場で働いて定年となった。

定年後は関連の生コン会社に行っていたが、ある日工場長から呼び出しを受け、道路の拡幅工事にあたるので社宅を出るようにいわれた。行くところがないといったら、君の山小屋に行ったらどうかと。退職すれば半年で立ち退かなければならなかったのに、二年間も粘ったのだからしかたない。さりとて栂海山荘で生活するわけにもいかないから、やむをえず五番目の山小屋（黒姫小屋、栂海山荘、栂海小屋、さわがに小屋、そして自宅）を下界に建て、当地に骨を埋めることにした。

入社当時は、定年になったら生まれ故郷に帰るつもりでいたから、退職後の生活設計などまったく考えていなかった。しかし当地の生活に慣れてくると。入社当時に出逢ったあの二つの感動から地元の岩石に興味を持つようになり、栂海新道の開発にもつながって、ふるさと意識も強くなった。独身時代は、地元の自然にどっぷり漬かりながら、在寮記録を更新し青春を謳歌していた。

それでも、毎日寮の弁当を食べるためだけに職場を往復しているのも能のない話なので、他人がやらないなにか新しいことをしてみようと考えた。職場では、業界の先鞭を切って、新しい採掘工法を考察して実用化した、また、新しい爆薬を使用して世界初の坑道式大発破を成功させ、業界最高の功績賞を二回受賞し、母校からは学位を授与された。まさに栂海新道の開拓と直結する進取の精神をもって、新しいことに挑戦した成果だと思う。

休日には、現地探訪をしながら一人で山野を歩き廻った。橋立金山跡、ヒスイ峡、新鉱物や化石産地、地層露頭、石灰岩溶蝕地形と洞窟群等々、当地はこうした天然文化財的資源に恵まれていた。糸魚川静岡構造線やフォッサマグナ帯、北アルプスと頸城山塊など、対比される地質的特徴が数多くあった。とくに黒姫山の溶蝕地形は特異なものとしてその存在を訴えてきたが、糸魚川地域が世界ジオパークに認定されたのを機会に、半世紀を経てようやく市民にも注目されるようになった。

山岳会結成当初の目標であった栂海新道の開拓と元旦山行は、中断することなく続けて今年で半世紀になる。新道開拓は開通するのに十年を費やし、開通後も四十年間毎年整備を続けて今日に至っている。栂海のシーズンは、四月の山荘除雪に始まり、新道、山荘の整備、十月下旬の山荘雪囲いで終わるが、このパターンも定着して四十年も繰り返している。登山道も立派に整備され、一本道が日本海に達して登山者を引導している。山小屋も増改築を重ねて五十名収容できる避難小屋になっている。

一九六一年暮れより始めた元旦山行も、すでに北岳、槍ヶ岳、奥穂高岳、剱岳、八ヶ岳、木曽駒《きそこま》ヶ岳、栂海新道など、主な山はおおかた登って初期の目的は果たした。一九九九年には大病を患って生死をさ迷ったこともあるが、四面楚歌のなか元旦山行への回帰を目指してひたすら歩き、振り出しに戻すことはなかった。

一九七九年に始めた夏山町民登山は、今年で三十二回となり、当初の初心者もすっかりベテランとなって山を楽しんでいる。登った山は、北ア、南ア、中ア、八ヶ岳、東北の山と広域に渡っている。町民登山のリーダー会が中心となって、カタクリクラブという山岳会を結成して二十一年になる。カタクリクラブは発会当初より毎年、海のウェストン祭と白鳥山山開きを主催し、全国版の行事に育て上げた。栂海新道を主としたフォッサマグナカレンダーは、製作してからすでに二十三回となった。回を重ねるごとに愛用者も増加し、これも地元の見どころを紹介するのに一役買っているような気もする。

長年、馬鹿のひとつ覚えのように藪刈りを続けて、すでに鉈、鎌、鋸の三つ道具の使いかたは名人技の域に達した。半世紀も慣れ親しんできた栂海の自然は、もはや裏庭のような感じである。栂海新道も十年、二十年と整備を重ねていくと、登山者にも好評で一般登山道として知名度が上った。

登山道整備という些細な事業も、長期に継続していくには情熱と時間と犠牲が必要であった。一日がかりで現場に到着し、数日間は握力がなくなるまで刈り続け、五〇キロの資材を四つん這いになって担ぎ上げて山小屋を建てた。一日の成果を語り合うときの缶ビールの味もまた、藪刈り人生の必需品であった。こうした体験が、次の行動の糧と自信になっていった。いつも手弁当で藪を刈り、汗して苦楽をともにした仲間との絆は、生涯の友として切れることがないだろう。

新道開拓の記録には、『山族野郎の青春』（山と溪谷社）、写真集『栂海新道その自然』（ヨシダ印刷）、『栂海新道ものがたり』（考古堂）などがある。小説『脱獄山脈』（太田蘭三著）の舞台になり、日活で映画化の話が出たときには、栂海新道の現地に西川監督を案内した。ＮＨＫや新聞、月刊誌などマスコミにも紹介され、知名度も上がって大勢の登山者で賑わうようになった。

栂海新道開拓の夢を実現するにあたっては、まずはやる気を出す情熱がなければ始まらなかった。そして、力も資金もない弱者の最大の味方は時間である。一年の成果は微少であっても、十年続けたら二十七㌔に及ぶ登山道を開通することができた。その延大な登山道を開通したのは、共通の目標を持って集まった開拓者のチームワークである。つまり、事業の成果は、情熱、時間、行動の三位一体の融合によって実現できるのだ。

アルプスと海をつなぐ縦走道は、この地に〇～三〇〇〇㍍の飛騨山脈の山並みが存在し、その自然と巡り合ったことによって誕生した。太平洋岸からはるばる日本海までやってきた甲斐があったというものだ。栂海の自然から夢と感動を得て有頂天になり、気のおけない仲間に支えられながら藪刈りを続けてきた。八十歳の声を聞くようになり、人生の持ち時間も少なくなったが、二本杖に支えられながら栂海を歩いていると、自分と栂海との関係とはいったいなんだったのかと考えることがある。半世紀にわたって展開した栂海新道物語は、盛りだくさんのドラマを生み続けた。今後どんな成果を残していけるかは神のみぞ知るか。

経年多くしていつも力不足を感じてきたが、それでも半世紀にわたる年次によって、アルプスと海をつなぐ確たる一本のトレイルを描くことができた。永いこと続けても力などまったくつかずに痩せ細ったが、「継続は成果（形）なり」を多少は実証できたような気がしている。

藪刈り道楽の報酬

昔から、道楽にはよく飲打買の三点セットが強調されるが、私の藪刈り道楽の場合、下界のそれとはいささか異なっている。個々の人生、どんな些細なことでも地道に続けていれば必ず成果が現れる。現場主義の自分は、いつも現地にいて、仲間に発破をかけて、一緒に汗を流して苦楽をともにしてチームワークを固めてきた。

それが困難な目標を実現するために最も重要なことだと理解している。

すでに栂海と関わって半世紀。登山道を伐開し、新道の整備を続け、山小屋の建設補修を継続してきた。登山道四十年間整備の成果は、一般登山者の増加によって実証されている。当初十人ほどしか収容できなかった栂海山荘は、増改築を繰り返して現在では五十人以上宿泊が可能となっている。

そのほか、町民登山、海のウェストン祭、白鳥山山開き、ふるさとカレンダー発行、宇宙を飛んだササユリ種子等も、年々盛況になって継続行事として定着した。これらの事業を継続するなかから、地域山岳会のカタクリクラブが誕生し、会の代表として今に至っている。個人的に続けてきた元旦山行は、厳冬の山で毎年体内に年輪を刻み、冬山のなんたるかを十分体験し、山への自信を深めていった。

かって登山界は、より高く、より困難な山を目指して、ヒマラヤ指向に走った時代があった。小さな職域山岳会にとって海外遠征など夢のまた夢、古巣の未開の藪山に潜って登山道を開拓することぐらいしかできなかった。

一九七二年には第十二回山溪山岳賞を受賞したが、このとき故川崎吉蔵社長は、ヒマラヤ一辺倒の時代に地元の藪山を黙々と伐り開き、アルプスと海をつなぐ登山道を開拓したことは、ヒマラヤの高峰に登頂する以上のパイオニアワークであると評価してくれたが、当時、自分達にはそんな大それた意識はまったくなく、ひたすら飛騨山脈稜線上に海と山をつなぐ完全縦走道の開通を夢みていた。山溪山岳賞はすでにないが、受賞者の顔ぶれをみるといずれも日本の山岳界では神様的存在のかたばかりである。

一九八五年新潟日報文化賞、二〇〇三年第一回「山と溪谷」山岳環境賞、二〇〇四年NHK地域放送文化賞を受賞している。ほかにNHKから「アルプスと海をつなぐ男たち」、「話はずんで」、「一本道　海へ　栂海新道」などが放映された。新潟日報文化欄には継続事業がすべて紹介され、二〇一〇年には栂海新道開拓について十回も連載されている。これらマスコミ報道は、いずれも藪刈り道楽から得た余録と思っている。

栂海の自然の中で過ごした半世紀、共に汗した仲間と四季の変化に感嘆し、めったに出逢うことのない淡いピンクのタテヤマチングルマ（別称タテチン）の一輪に藪刈りの疲れを癒やし、アヤメ平のお花畑に桃源郷を感じたこともいくたびか。往き交った大勢の縦走者も同じ情景に陶酔したことであろう。白鳥山南部のジュラ紀の地層からは、アンモナイトや多くの植物化石を発見して、アンモナイトの和名「菊石」を山名につけることもできた。毎年四季を通して五回ぐらいは全コースを縦走しているが、そのたびに新しい出逢いや発見に心を躍らせることが多い。

北アルプスに残された最後の秘境に、アルプスと海をつなぐ遠大な縦走登山道を開設、中間地点に避難小屋を建てて栂海の自然を登山者に解放したことによって、今度は日本海から三〇〇〇㍍の山並みを越えて太平洋を目指す、いわゆる日本列島横断縦走をする登山者が現れるようになった。また新しい登山形態の誕生である。

親しんできた栂海の自然が、学術的にも貴重な存在であることも学んだ。地質、地形、植生の特徴は、どの山域でも見られない稀少価値の高いもので、このコースの大きな魅力のひとつとなっている。

発会当初の目標であった栂海新道の開発整備や元旦山行は、その後紆余曲折があって苦労もしたが、新しいものを成し遂げた達成感、満足感はその何倍もの収穫であった。

藪刈り開始当初から、今日まで半世紀にわたって事業を支えてくれた人たちも、時代とともに変遷があった。去った者、残った者、いずれも現地では精一杯仕事を

アンモナイトの発見により、菊石山の名前がつけられた

して今日の基礎を築いてくれた。そのことには十分感謝しているのに、なぜか、去った者へは恨めしさが残ってしかたなかった。

会存続の危機にも何度か直面し、作業中断に見舞われそうになったこともあるが、対官庁対応も乗り越え、藪刈り応援隊も名乗り出て、なんとか息を吹き返して中断することなく継続できた。協力グループとの関係は、私との接点から始まったが、継続していくうちに次第に相互のコミュニケーションが図れるようになってきた。

さわがに山岳会自体は、すでに名ばかり会になってしまったが、会友でもあるカタクリクラブ有志とのつき合いも長く、新道整備やクラブ山行にはリーダーとして活躍している。

栂海新道を媒体とした登山者との交友関係も拡大している。私の主治医である市田隆文先生のドクターグループとは、毎年夏と秋の二回、朝日岳からの縦走山行を続けている。ドクターの一人・山際岩雄先生はフクロウ山岳会を連れてきた。海のウェストン祭には、二十二年欠かさず参加している山田智子さん。ほかに栂海新道に遠近各地から訪れる常連さんとの交友関係もまた、私の藪刈り道楽の最大の報酬だと思っている。

藪刈り道楽には、犠牲を伴った負の面もある。私の半世紀にわたる行動の最大の犠牲者は家族であり、ときに藪刈りに引き出された仲間たちであろう。家庭はまったく顧みず、家計をも圧迫して子供たちにもひもじい思いをさせてきた。『栂海新道その自然』の出版パーティーで出席者が末娘に話しかけた。「君の父親は立派な人だね」と。娘曰く「小野健は立派かもしれないが父親としては最低です」との答え。これにはひと言も弁解できないことを十分承知している。道楽とは、家族にも仲間にも大きな犠牲を負わせるものだ。今さら挽回できるわけではないから、地獄で仕置きを受けて償うことにしよう。

半世紀にわたる登山道の開拓によって得たもの、それはまずリーダーは目標実現への情熱を失ってはならない。目標実現の危機に直面しても決してあきらめない。さらに実現の夢を共通の目標として一体的行動がとれる仲間を確保し、ともに活動し続けていくこと。そうすれば、継続し続ける長年の時間が味方となり、必ず結果(かたち)をもたらしてくれる。このことを学んだのも、また藪刈り道楽のおかげであろう。

病臥から山へ

二十世紀最後の元旦山行となった五竜《ごりゅう》岳から下山し、正月半ばには西穂高岳に登頂した。それからまもなくして体調に異常が現れた。体中が黄色となり、酒を飲むと猛烈な腹痛を感じ、急性肝炎で入院することになった。絶対安静を強いられて各種の検査が行われたが、原因は不明。それから入退院を繰り返したが、入院中にも月岡温泉まで講演に出かけたこともあった。

そして一ヶ月を経過、黄疸はますますひどくなった。主治医が交代して再検査をしたところ、疸管閉塞により疸汁が腸内に流れなくなっているとの診断であった。数日後、精密検査のために義弟の紹介で地元病院から新潟大学附属病院に移った。その結果、疸管ガンと診断された。堰止められた疸汁を外部に抜き取るためにタンクがつけられた。第三内科の主治医は市田隆文先生であった。

検査の結果、手術をすることになり、二週間ぶりに自宅へ戻った。住み慣れたわが家に別れを告げるための一時帰宅である、居間から外を眺めていると、庭のアンズとコブシの花が満開であった。再びこの花を見ることができるのだろうかと、感傷的になりながら病床に戻った。

病窓から見える戸外の風景は、満開のサクラとメタセコイアの黄緑があった。味気ない検査の連続で、季節の変化を味わう余裕もなかった。自分はもはや自然や社会から見放されてしまったのか。いつもなら、今頃は新年度の事業計画に思いを巡らせていたのに……。

たかが疸管一本詰まっただけなのに、周りの臓器をみんなカットするかもしれないという。手術前日の夜は星空であった。正面に県庁の灯りが見え、眼下には平安閣がある。よく火薬の保安講習会の会場になった場所で、講師として何度か訪れた懐しいところだ。

夕食後、執刀医より複雑な手術内容の説明があった。疸管を切除後、代替品として小腸を持ち上げてつなぐ。ガンが進行していれば、肝臓や膵臓の一部を切除するという。思わず、「そんな複雑な手術をして生きていられますか」と声をあげてしまう。「大丈夫ですよ」、「もしうまくいったら、山に登れるようになりますか」、「そんな事例はないのでわかりません」。こんな会話が交されて説明は終わった。まさにまな板の鯉になるのだから、今さらじたばたしてもしかたがない。

翌朝、食事を取らずに予備麻酔を打たれた。激励の声が遠い世界からの使者の叫びに聞えたが、まな板に載ったときはすでに無意識の死者の世界に在った。

それから、十二時間を経て手術室を出た。立ち合い者には、もはや死に体かと思うほどの長時間であったようだ。病室に戻ったころ、ようやく意識が開けてきた。話はできたが、局部麻酔で痛みはなかった。一週間後には傷口が全面化膿して、三日間動けない苦痛を味わった。女房はつききりでベッドの下に寝ていたが、用事を頼むときは新聞紙を丸めて棒代わりにして頭を叩いて起こした。手術当初は腹部から五本のチューブが出ていて、四個のタンクを伴い、移動するときはスタンドにタンクを固定して引きずりながら歩いた。傷口の化膿で退院が遅れ、県庁で予定していた講演もキャンセルした。恒例の海のウェストン祭はまさに断腸の思いで不参加、過去に経験したことのない試練を味わった。

タンクも取れてわが家に戻ったときは、すでに三ヶ月が経っていた。退院しても腹部には二本のチューブがついたままだった。手術前に帰宅して眺めた花盛りのアンズは、すっかり緑の葉に変わっていた。退院したときに足は細り、以前の体力は跡形もなく消え去っていて、歩くのがやっとというありさまだった。

しかし、なんとか生命を残して再び娑婆に復帰することができた。これも女房をはじめ大勢の人たちのサポートがあったからで、深甚なる感謝をしないといけない。もっとも、こんな体力ではとても社会復帰などおぼつかない。山を取り戻し、可愛いササユリに逢うためには体力を回復する以外にない。

とすれば、もはや迷うことはなにもない。一刻も早く体力を挽回しようと、退院した翌日から裏山の林道を歩き始めた。足腰はやせ細り、とても歩ける状態ではなかったから、二本杖と女房つきの牛歩が一週間ほど続いた。歩行時間は一時間と決めて林道歩きを始めると体力は少しずつ回復し、歩行距離も延びていった。

退院後、一週間で職場復帰し、出社前に一時間歩くのが日課となった。六〜八月間のカタクリクラブの行事はすべてキャンセルした。七月上旬には、腹部に二本のチューブを残したまま、栂海山荘への荷揚げ資材を北又林道を運転してヘリポートまで運搬した。今振り返れば、かなり無茶な行動だったと思う。

六月から始めた歩行トレーニングは、新緑の候からまもなくセミの声が賑やかになり、いつしか夏本番となっていた。ヒグラシの大合唱に合わせるように、ウルル

（イヨシロアブ）の襲来を受けるようになる。刺されると腫れと痛みを伴う。私が見ているのにも気づかず、イタチが兄弟ゲンカをしていたり、カモシカが流水溝に落ちて上がれないでいたのを、太いスギの丸太を側溝に落として橋渡しをしてやったこともあった。

八月下旬、スギ林のなかをヒグラシのシンフォニーを聞きながら歩いていると、道端に短い一生を終えたセミの死骸が散乱していた。毎日数えながら歩いているうちに、いつの間にか林は静けさを取り戻していた。

夏が去り、秋風が吹くころになると体力もかなり回復し、一時間の歩行距離も延びて裏山の頂上を越すようになった。すでに三ヶ月を経過したが、雨にも台風にも負けず一日も休むことはなかった。私にとって山のない人生などおもしろくもないので、ひたすら山への回帰を目指して歩き続けた。

少し自信を取り戻すと復活登山を夢見るようになり、まずは一〇〇〇㍍以下の低山から歩いて年内にできるだけ多く登ろうと決めた。

はじめに南保富士《なんぽ》（朝日町）、次に米山、八海山《はっかい》、白鳥山、金峰山《きんぷ》、雨飾山、編笠山《あみがさ》など二〇座ぐらい登って足慣らしをした。そして一九九九年、栂海新道の思い出がたっぷり詰まった白鳥小屋で、去りゆく二十世紀を振り返ることができたのは夢のようである。十時間以上の大手術を経て半年後、欠年なく元旦山行を継続できた。

師走も近くなると、私が永年続けてきた年末年始山行を反対する声は日増しに強くなり、まさに四面楚歌の雰囲気であった。にもかかわらず、大晦日に雪に埋まった白鳥山まで這い登って来たのだから大満足だ。続けることに意義を感じて毎年繰り返してきたので、どんな理由があろうと中断することは振り出しに戻る思いであった。記録にこだわり続けたわけではないが、四十回を目前にして中断することは耐え難かった。表向きは今年は自重すると公言してきたが、一九六一年暮れより一度も誕生日（＝大晦日）を下界で迎えたことはなかった。これは、ずっと続けてきたわが人生の恒常的なサイクルでもあった。人にはそれぞれ持ち味というものがあり、自分から山を取ったら空虚な人生になってしまう。だから山を捨ててまで生き永らえても存在価値はないだろうという結論に達すれば、もはや躊躇することはない。かくして、わが栂海新道の山小屋で、気のおけない仲間と二〇〇〇年を迎えることができたのである。

人としての本質的な生きかたとはなんなのだろう。一個の生物として、意のままに行動できないようではまともに生きているとはいえまい。病に臥《ふ》し、あれもこれも駄目になったときの無念さは、まさに試練と諦観の連続であった。ようやく三ヶ月振りにわが家に帰って、のんびりと解放感に浸りながら庭の緑を眺めていると、長かった病床生活のことも脳裏から薄らいでいく。二度三度大きく深呼吸して、健康だった過去を復活させようとしていた。とにかく、生命だけは残し、大きなハンデを背負っての社会復帰ではあったが、病窓からは見ることのできなかった現実の生活を取り戻すことができたのは、大勢の人たちのサポートのお陰であった。娑婆は自分一人で生きているのではないことを教えられた。

今、いささか煙が目に泌みる静かな大晦日の白鳥小屋にあって、かって三〇〇〇㍍の稜線で猛烈な風雪の中でツエルトにもぐって震えていたころを懐しく思い出す。元旦山行三十八年間の山々や、仲間たちの顔がサインカーブのように流れていく。奥穂の山頂で顔が凍症になるなど、あわや遭難となるような事故もいくつかあった。

雪の吹き溜まりになった山小屋で、ときおりヒューと吹き抜けていく風雪のシンフォニーを聞きながら、薪ストーブの煙を肴に、下界の連中を少しは気にしながらほろ酔い機嫌で静かな年の瀬を迎えている。温もりのある二代目（火災によって再建）白鳥小屋は、過ぎ去った来歴を呼び戻し、雑念を浄化してくれる別世界だ。四面楚歌の退却ラッパを背にしつつ、きついラッセルにへばりながら登ってきた甲斐があったというものだろう。

夜半になると細かい雪が霰《あられ》に変わり、トタン屋根を叩く音が大きくなってきた。昨日つけたトレースも深雪に消されてしまうだろう。風雪が山小屋の外壁を擦りつけるように吹き抜けていく。有史以前から繰り返されてきたこの厳冬白鳥交響曲を聴けるのは俺たちだけであろう。一九九一年、山頂に小屋が建ってからは積雪の状況も変わり、降雪が小屋で分流されて東西に吹き溜りができる。すでに雪面は二階の窓に達している。かつて山小屋が立つ前は、どこが頂上かわからないぐらいの平坦な雪原になり、ブナは成長するにつれて、埋まらずに直立で点在していた。

やがて栂海新道に咲き誇るカタクリの群落も、イワハゼやイワカガミもうずたかい雪の下に眠っている。ユキツバキも雪のマントをかぶって、春の訪れを待っている。五月下旬、白鳥山の山開きのころになると、純白の花冠から爽やかな芳香を漂わせてタムシバ並木を見せてくれるが、それもまだ雪の下にある。クマもヤマブドウやドングリがなくなれば、冬眠するほか生きのびる術《すべ》はなかったのであろう。自然界は永い時間をかけてみな自分たちに都合のよいように知恵を絞って進化してきた。この生物共生の摂理を人類が勝手に壊してはならない。真の自然保護は相互平等の存在を認め合うことから始まるのだ。

アルプスと海をつなぐ登山道とかいって、ライフワークとして栂海新道を開拓したことがどれほど自然破壊につながったか。栂海の自然を解放することなく、自分たちだけで楽しんでいればよかったのか。しかし、栂海の百花繚乱の桃源郷に感動しつつ継走していく大勢の登山者がいることも現実である。二〇〇〇年は新道開通三〇年の記念の年であり、病み上がりの疲れた体を臥してあれこれ思いを巡らせていたら二十世紀も二時間あまりとなった。自然体ならすでに亡骸になっていたはずなのに、現代医術に助けられてプラスアルファの人生を送っている。

母親の話だと、生まれたのは大晦日の深夜十時頃で、生後二時間で数え歳二つになったと聞かされた。それにしても、二十世紀最終日、誕生日の未明、紅い燃ゆる太陽は信州の山並みから威光を発しながら力強く昇天した。おそらく、大病を患った後の山人生のなかでも忘れ得ぬ感動的な日の出であったろう。

しばし静かに目を瞑《つぶ》って新しい年を迎えることにしよう。さようなら、二十世紀よ……。

元旦山行の半世紀

一九六一年、他人のやらないこと、やりたがらないことをしてみようと、職場の仲間と「さわがに山岳会」を結成して二つの目標を立てた。まず、地元にある飛騨山脈の稜線上に、アルプスと海をつなく遠大な縦走登山道を開拓しよう。もうひとつは年末年始の冬山に登り、風雪のなかに立って体内に年輪を刻んで新年を迎えようということだった。

年末年始の山は会長の個人山行みたいなものだから、会員に強要したことはなかった。会の主体はあくまでも新道の開拓なので、他の山行はすべて個人の判断に任せた。

元旦山行はすでに四十九回になり、二〇一一年に実現できればまさに半世紀ということになる。このうち単独行は十四回。会が存続の危機に直面しても、大病を患っても中断することはなかった。山中で大晦日の誕生日を迎えることがすでに人生のサイクルの一部になっていたから、どんな境遇のときもまったく抵抗はなかった。むしろ中断することこそ敗北であり、後悔の因になると考えた。だから病後も必死に体力の快復を計って、徐々に山を取り戻しながら古巣の石や草花との再会を果した。こんなときこそ、人は本当の幸せを感じるのではないだろうか。

来年二〇一一年は栂海新道の開通四十年、そして元旦山行五十年にあたるので、年末には半世紀を区切るに相応しい記念の山行にしたいと思っている。これまでに登った元旦山行のなかでも印象深い山としては、顔面凍症にかかった奥穂高岳、猛吹雪の稜線で試練のビバークをした槍ヶ岳、小学生の息子を同行した木曽駒ヶ岳、赤岳《あか》~阿弥陀岳《あみだ》、さわがに山岳会二十五周年の栂海山荘、還暦記念の剱岳、古稀の北岳、手術後復活登山の白鳥山などがある。

荒天続きの栂海新道で自分たちの遭難放送を聞きながら、へばった仲間を生還させるために必死で雪中脱出を図ったこと。雪洞の中で震えながら、甘納豆をつまみに凍りかけた缶ビールで、大晦日の誕生日を一人祝ったことも忘れ難い思い出である。もはや半世紀にわたって、下界で家族と一緒の誕生日や、元日の御節料理を食べたことは一度もない。

振り返ると、無難な山よりも鼻水を凍らせて登った厳しい山行の方が印象深く、学ぶことが多かった。つまり、体験は最高の師であり、続けることによって得たものは大きい。そこから自信も生まれた。ともに汗した仲間との絆を深め、自然との出逢いに陶酔し、冬山のなんたるかを教えられた。厳しい風雪に耐えて培った年輪は、社会生活でも十分通用した。

無名の小さな山岳会が、夢のような大事業を完遂するには永い年月と地道な行動が必要であった。遠大な構想は、会員が納得できる実現可能な目標に分割し、共通の認識を持って実行しながら一つずつ連結していった。その結果、発会当初の目標はほぼ達成し、継続の成果を実証できた。そこにはいつも、変わらぬ情熱と、数十年の歳月と、事業を支えてくれた多くの協力者の存在がある。わが会は、他人のために労することを厭《いと》わない人間集団であったと思う。

ひたすら前を見つめながらなにも考えずに猛進してきた遥かなる半世紀。決して楽しさだけではなかったはずの藪刈り道楽人生、そして元旦山行であるが、それらは下界では決して味わうことのできない、魅力的なライフワークでもあった。

栂海新道に未来はあるか

二〇一一年は、栂海新道が開通して四十周年にあたる記念の年になる。振り返れば、栂海の自然と出逢い、開発に関わってすでに半世紀となった。

開発当初は、会員の若さと馬力に任せて遮二無二猛進した。全コースを三つに分画して、一区画ずつ目標を明確に設定して作業を進めていった。そして、開通したところから連結して、やがて一本道を日本海につないだ。

しかし前述の通り、最終目標を達成すると、開通した安堵感もあって毎年新道を整備していこうとする目標が曖昧になってきた。五名になっていた会員では、全コースを整備するのに三年を要し、三年ぶりに整備する場所はすっかりもとの藪に覆われていた。

その後、私の職域がセメント工場まで拡大したことで新たな協力者が現れ、さらに外部からのボランティアグループも参加するようになり、なんとか毎年栂海新道の全コースを整備できるようになっている。だが、現状を考えると、ボランティアグループは、私との個人的な関係でつながっているにすぎず、私が消えた場合に同じ関係が維持できるかはわからない。

今後、栂海新道や栂海山荘の維持管理をどのように進めていけばよいのだろうか。栂海新道は、二〇〇九年に世界ジオパークの一部に指定された。全コースの地質、地形、植生は、非常に貴重な存在で学術的価値が高い。近年はアルプスの秘境ともいわれて、登山者にも人気が出てきた。

そのいっぽう、現在の協力グループのメンバーも毎年高齢化が進んでいる。新しい広域的な整備グループを全国から募って組織を立ち上げられればよいのだが、行政主導でそれが行われる可能性は低いだろう。当面は現在の支援組織で維持はできるであろうが、次世代の藪刈り隊が現れないかぎり、いずれ栂海新道は存続困難になろう。そのときはそのまま放置して、自然に還元するのもやむをえないのか。

いつの日か廃道になってしまったら、この地に情熱と労力を傾注した多くの人々の汗の結晶はどのように消化されてしまうのか。アルプスから日本海に達して飛び込む感動はどうなるのか。他力本願は好みではないが、願わくば、栂海新道を守る次世代の声が聞えてくるのを心待ちにしてやまない。

おわりに

一九五六年、太平洋岸いわき市の山里に育った者が、日本海側の青海町に住むようになって、最初に出会って感動したのが黒姫山々頂から遠望した飛騨山脈北延主稜と、青海川上流にあったザクロ石角閃石片岩の大塊である。この二つの出会いが、栂海新道の開通と青海自然史博物館の開館につながった。

一九六一年、栂海新道伐開の要員確保として職場でさわがに山岳会を結成、まず黒姫山の開発からはじめ、経験を積んでから栂海の伐開に移行していき、十年の歳月をかけて開通した。この伐開作業を通じて、会員の中に二組のカップル（伊藤・金子）が誕生し、いずれも私が月下氷人を務めて結ばれた。結局、定年後も含めると十七組の仲人をやったことになる。しかし、さわがにの仲間も喜びだけでなく、二人の仲間を失う悲しみも味わった。

登山道伐開に際しては、対官庁との関係が重荷で、国有林の無許可伐採が問題となり、許可を得るまでずいぶんと難行した。やはり世の中、熱情と実行力だけでは通用しないこともあると思い知らされた。国立公園内の管理は厚生省から環境省に代わり、自分たちが行ってきた補修方法が規格に合わないとの理由から、三十年以上も経過して登山者に親しまれてきた案内板・緑化マットなどが撤去され、その費用まで負担させられた。われわれの永年続けてきた行為を容認する寛容さはないのだろうか。近年、町や市はこの事業に補助金を出してくれるようになり、感謝している。

登山道開拓という無報酬の超肉体作業は、一人の力でできるものではない。いかに協力者を結集してチームワークを発揮するかが、夢の実現には不可欠である。過去にどれほどの人が携わったであろうか。顔ぶれは時代とともに変わっていったが、当時を思い出すと、涙が出るほど懐かしさが甦ってくる。

私は、栂海を媒体として多くの人達と出会うことになり、その度、栂海の持つ不思議な魔力を感じ、偉大な存在を知らされた。山はわが人生に豊かな交友関係をもたらしてくれた。私がガンを患わなければ大先生方と山に登ることもなかったが、その交遊の場にも栂海の顔が見えてくる。

わがライフワークとし、藪刈り道楽にのめり込んできた青春の舞台は、すでに老いらくの舞台へと移ったが、栂海新道への想いはいささかも変わっていない。
最後に「山族野郎の青春」の覆刻改訂版発行の企画と、拙稿出版に際しては、山と溪谷社勝峰富雄氏、佐藤徹也氏に大変お世話になり衷心より謝意を表します。

二〇一〇年十月　青海の山小屋にて

小野　健

第三部

栂海新道を守り続ける人々

吉田智彦

オノケンさんのいない今

道は何者かが通うことで生まれる。そして、通う者がいなくなれば消える。それが道の本質的な姿だと思う。野山を縦横無尽に駆け巡る動物たちが付ける獣道はその最も原始的なものだが、人間は、踏圧が作り出す自然の道を用途に応じて維持管理しやすくするために石やコンクリートで舗装することを覚えた。しかし、それでも、使わなくなれば時間はかかるものの、野に還る運命にあることは獣道と同じだ。

だが、標高二四一八㍍の朝日岳と海抜〇㍍の親不知を結ぶ北アルプス最北の縦走路・栂海新道は、冬は日本海の湿気をたっぷり含んだ北西の季節風が降らせる大量の雪に埋もれ、手を加えなければ数年で藪に還ってしまう自然環境にあるにもかかわらず、開通から半世紀以上経った今でもすべての登山者に開かれている。それは、オノケンさん（みなさんが親しみを込めてそう呼んでいるので、私もそう呼ばせていただく）の類稀な行動力とさわがに山岳会（以下、さわがに）の固い団結力、そして強靭な持久力によって拓かれ、彼らの偉業に共感した人々によって守り継がれ

天水用ポリタンクを白鳥小屋へ歩荷する「オノケン」さん

ていることは揺るぎようのない事実だ。

だが、二〇一四年、開通以来四十三年間その整備活動を牽引してきたオノケンさんは胆管がんを患い、多くの仲間に惜しまれつつ、八十一歳でこの世を去った。葬儀では、その人柄を偲んで山岳関係者、会社関係者、行政関係者、文化協会、親族ごとに受付が分けられるほど多くの人が参列した。山でいつも「ぼくの葬儀は坊さんもお経もいらない。好きなクラシック音楽を流してもらって、仲間に献花してもらえればそれでいい」と言っていたそのとおりに、ベートーベンの交響曲第三番「英雄」が式場に流され、出棺の時は深田久弥訳詞のダークダックスの歌「いつかある日」を合唱しながら送り出されたという。

本書第一部・第二部ではオノケンさん本人による開通と整備にかけた熱い思いが綴られているのに対し、この第三部では、栂海新道にこれまで関わってきた人々からお話を聞き、団体ごとの目線から、栂海新道がどのように拓かれ、守られてきたのかを紐解いていこうと思う。その上でも、オノケンさんが残した資料は貴重なものばかりなので、そちらも参考にさせていただく。

そして、二〇二三年六月、私はオノケンさんの自宅へ向かった。

親不知にほど近い糸魚川市内にあるご自宅には、オノケンさんの妻・紀久子さんをはじめ、共に栂海新道を拓き、整備してきた重鎮がテーブルを囲んでいた。さわがにの伊藤良信さんと八木勇治さん、ベニズワイ山岳会（以下、ベニズワイ）の相澤春雄さん、千江さんご夫妻、カタクリクラブ（以下、カタクリ）の長野ひとみさんである。長野さんは、道の整備を行うための事務や各会の連携を取りまとめていて、第二部に登場した銘菓「栂海新道」を製造販売している長野屋の女将さんでもある。そして、朝日小屋の管理人、清水ゆかりさんの姿もあった。朝日小屋は、蓮華温泉と並んで栂海新道の南側の起点である吹上のコルに入るためになくてはならない拠点であり、一九九〇年代から二〇一〇年代まで行われていたヘリによる栂海山荘への荷上げの経由地として、栂海新道を整備する人間にとって切っても切れない存在だ。また、私自身が、栂海新道を初めて縦走した時に清水さんには大変お世話になった。今回、お会いするのは十五年ぶりだったが、開口一番「吉田さん、お久しぶりです！」と明るく接してくださり、他の方々が全員初対面ということもあって緊張していた私にとってもありがたい存在だった。

歴史的な開通から現在に至るまでを知り尽くすそうそうたる面々が揃っていたが、

私にはどの団体が具体的にどのような役割を担い、互いにどう分担して関係性を築いてきたかがまだ飲み込めていなかった。そこで、同席したみなさんに加え、可能な限り各団体の主だった人々にお話を聞くことにした。

十三年間の単独管理の末に立ち上がった最初の仲間

一九七一年に栂海新道を拓いたオノケンさんを長とする「さわがに」は、七人でスタートした。メンバー全員が新潟県西頸城郡青海町（現、糸魚川市）にある電気化学工業株式会社（現、デンカ株式会社）青海工場でセメントに使う石灰石の新規採掘場を開発する原石課に身を置く同僚たちで、オノケンさんは、部長という立場だった。吹上のコルから親不知までの全行程二十七キロを約十年掛けて切り拓いたのは、この少数精鋭のメンバーだ。それだけでも驚くべきことだが、更に開通後十年以上も単独で道を整備し続けたというから、栂海新道を歩いたことのある身としてはその行程と作業量を考えただけで気が遠くなってしまう。

開拓や開通後の整備で行われてきた作業の経緯を追う前に、ここでもう一度栂海新道の山容を理解しておいた方がイメージを掴みやすいので、要所ごとに区切って標高の高い順に簡単に説明しておこう。

吹上のコル～黒岩山　朝日岳山頂から北へ下った標高二二五一メートルの吹上のコルを起点にして、アヤメ平、黒岩平といった雪渓の多い高層湿原が階段状に連続し、多くの高山植物が分布している。その隙間をつなぐようにシラビソやコメツガ、ハイマツの針葉樹林帯が広がっている。

黒岩山～犬ヶ岳　黒岩山一六二四メートル、犬ヶ岳一五九三メートル。双方の標高差はさほどないものの、ミズナラやゴヨウマツなどの木が雪に押し潰されながら曲がりくねって茂る痩せ尾根が小刻みに上下しながら連続している。

犬ヶ岳～白鳥山　標高一二八七メートルの白鳥山へ向かって標高を下げていくものの、その間にあるブナの原生林が覆う黄蓮山や菊石山、下駒ヶ岳とのギャップが大きく、登り下りが激しい。

白鳥山～親不知　白鳥山から水場があるシキ割を経て林道が交差する坂田峠まで標高差は大きいが、峠から北はなだらかな長い尾根が続き、日本海へ出る。

この亜高山帯から海抜○㍍に至る植生や地形・地質の変化に富んだ自然の中で、さわがにのメンバーが刈り開きに使っていた道具は、カマやノコギリ、ナタだった。刈り払い機は開通後に導入するものの、当初は燃料も含めて大きさや重量が嵩み、人力で担ぎ上げるには手間がかかりすぎるという理由で敬遠されていた。

新道開通前の一九六八年六月十四日にサワガニ山で伐開している時の様子をオノケンさんはこう記している。

「尾根筋に繁るミズナラは、通称タコノアシと呼んでいるように、四方に枝幹を伸ばしてノコギリもナタも寄せつけない。必死になって伐開しても、精々1時間に30mほどの進行だ。あらかじめ目印をしたルートを一人10mぐらいを持ち分として刈り払っていく。みんなの会話も、ひとりのたわ言も、タコノアシの恨みタラタラである。暑さと疲れが増すにつれ、話し声もなくなって薮を刈る音だけが数億年来の静けさの中に吸い込まれていくようだ。北五葉松の密集した枝を伐採すると、一変《（ママ）》に空間が開らけて道らしくなってくる。大きな木も小さな笹竹も、一本ずつ手をかけて切っていく。こんなことを30kmもつないでいくかと思うとゾッとする」

（『栂海新道その自然　北アルプスから日本海へ』〈以下、栂海新道その自然〉「サワガニ山の伐採」より。原文のママ）

それから三年後に新道が開通し、さらに十三年が経ったころ、さわがにのメンバーは五人で登山道の維持に励んでいた。仕事があるため活動できるのは休みの日しかなく、一度の入山で全線を整備することは到底できなかった。みな、無雪期は毎週のように山へ入ったが、区画を分けて作業し、三、四年で一巡するのがやっとで、一度刈り開いても標高が高いところで三年、雪の少ない麓では一年放っておけば藪に還ってしまう。そのため、一巡して戻るころには、どこも道を完全に覆い尽くすように枝葉が茂っていた。メンバーは年とともに体力が衰え、次第にさわがに単独で全線を維持するのは難しいと考えるようになっていた。

こうした様子が、一九八四年に電気化学工業がある青海町の広報で紹介された。その記事を見て一緒に整備活動をやろうと申し出たのが、同じ電気化学工業で、オノケンさんが原石課に加えて担当するようになっていたセメント課の係長、齊藤八朗さんが課内の人々に声をかけて立ち上げたベニズワイだった。

ベニズワイの相澤千江さんによると、会のつながりはとても緩やかで名簿もないためはっきりとはしないが、当初のメンバーは多くて十人程度だったという。メンバーの知り合いで、山好きだから一緒に作業するという人もいたようだ。ナタやカマを持ったことのない人も多く、初年はさわがにと合同で白鳥山から親不知までを刈り払った。それでも、オノケンさんは「（さわがに）会員だけならシーズン中に終わらない距離である」（『栂海新道その自然』）と記している。

ベニズワイは、その後も国道や林道が縦走路と交差して町からのアクセスがよい白鳥山から親不知の区間を重点的に作業し、メンバーが会社の休暇を利用して入れ代わり立ち代わり刈り開いていった。

ベニズワイが活動するようになってから間もない一九八七年にＮＨＫで放映された『アルプスと海をつなぐ男たち』では、さわがにのメンバーたちが黒岩山付近の刈り払い作業をしている様子が記録されている。

オノケンさんは背丈を超える藪の中に入ってナタを振り、伸びた枝を切り払いながらこう話す。

「尾根筋は（樹木が）密集していましてね、結構風が厳しいからそんなに大きくは伸びないですけど、矮性というか、這うんですね。それで切ったところが無抵抗になりますから、みんなグッと茂ってくるんですね。枝が空間に向かって伸びてくるんですよ。ですから、そこは切り取っても伸びやすいところなんですね」

現場に同行していたアナウンサーが「完全にイタチごっこですね」と言うと、オノケンさんは「まあ、最終的には人間の負けでしょうけどね」と笑いながら軽く答えた。オノケンさんは、栂海新道の整備を「子守り」と呼びながら協力者の発掘に奔走すると同時に、「いずれは消えゆく道なのかもしれないが、そうなっても自然なことで仕方がない」という旨を至る所で書き残している。拓いたことの喜びと同じくらい保つことの難しさを身にしみて知っているが故の言葉だったのだろう。

当時の刈り払い方法は、まずノコギリやナタで太い枝を切り、次にカマで下草を刈っていくことを繰り返しながら進んでいった。急斜面につける階段や崩れを抑える土留めなどの工作物は、すべてその場で伐採した木を使っている。五人で作業しながら十五分で刈れる範囲を一区間として一時間に進める距離は長くて五百㍍ほどだった。開通前の「必死になって伐開しても、精々一時間に三十㍍ほど」の状態に比べればかなり通しやすくなったと言えるが、全行程を考えると並大抵の作業量ではないことがわかる。

相澤春雄さんによると、ベニズワイの作業方法は厳格には決まっていなかったが、人手がある時は道を挟んで左右に分かれ、刈り開いていったという。そして、メンバーたちが経験を積んで慣れてくると白鳥山から南の山域でも作業をするようになっていった。

歳月がもっと下ってからになるが、ベニズワイは主に犬ヶ岳から白鳥山までの刈り開きを担当するようになる。この区間はエスケープルートがなく、時間の都合がついたメンバーが好きな時に作業に行ける麓の道とは違い、ある程度まとまった人数と期間を準備して計画的に進める必要があった。当時の様子を相澤さんはこう振り返る。

「朝早く七、八人で白鳥山へ登って、そのまま刈り始めていました。当然、一日ですべての行程を刈ることはできませんので、とにかくその日のうちに栂海山荘まで行くんです、すべての食料や荷物を持って。そして、次の日は犬ヶ岳へ向かって続きをするというのを終わるまで繰り返していました」

基本は三日程度を想定して山へ入ったが、予想以上に茂っていて時間がかかり、長い時は一週間行きっぱなしのこともあったそうだ。山中での作業が当初の日程の倍以上時間がかかるとなると会社の勤務に支障がなかったのか気になる。その点はどう調整していたのかと聞くと、相澤さんは笑いながらこう答えた。

「本当にどうしていたんでしょうねぇ。三交代制でのやりくりとか年休を使ったりとかしていたんでしょうねぇ。自分で話していてもどうやっていたんだろうと思いますよ。でも、途中で交代することはなくて山に入った人が自分たちで仕上げていましたから、どうにか調整していたんでしょうね。振り返ってみると、みんな家庭を持って子どもを持って、子どもを学校にあげなければならない、みんないろいろあるのにずっとやってこられたっていうのが本当に不思議です。それくらい、みんなエラかったですよ」

活動日数を確保する大変さはオノケンさんも前章で書いているが、まだ週休二日制も普及していなかった当時は至難の業だったに違いない。それでも可能にできたのは、同じ会社、同じ部署で作った団体で、経営側の理解も得られていたからこそ組織的に何とかやりくりできたのだろう。

まわりから見た、「オノケン」という人

オノケンさんは、登山道整備のための協力者を更に増やそうと会社以外でも広く声を掛けはじめる。そのころになると栂海新道の名は地元で広く知られるようになっていて百人以上の会員が集まり、一九八九年にカタクリクラブ（以下、カタクリ）が発足した。だが、カタクリの長野ひとみさんは「発足時はオノケンさんの人気ですごい人数が集まりましたが、実際の作業に参加するようになったのはほんのひと握りでした。翌年には十人もいなかったかもしれません」と振り返る。

とはいうものの、さわがにもベニズワイももともと少人数の団体だ。統率の取りやすさと小回りの利きやすさを考えればそれくらいの人数でよかったのかもしれない。これ以降、ベニズワイは組織を維持しながらカタクリに取り込まれ、整備や行事の内容によってベニズワイ系とカタクリ系に分かれて行動したり、合同で作業したりしているうちに溶け合い、やがて単にカタクリと呼ばれるようになっていく。

ただし、メンバーひとりひとりは、ベニズワイかカタクリかを自負して行動してい

る人が多いため、本書ではご本人が名乗る団体名を記する。読んでいるあなたには、「ベニズワイとあれば「カタクリも含まれているんだな」、カタクリとあれば「ベニズワイの人も携わっているんだな」と思っていただきたい。この二団体の関係は、私もなかなか理解できなかったが、こうした緩やかなつながり方はベニズワイが立ち上がった当初からのものだったし、さまざまな性格を持つ団体を円滑に連携させるにはよい方法だったのかもしれない。

いずれにしても、これらの団体はオノケンさんが声をかけたか、彼の行動に共感した人たちで成り立っていた。ひとりでこれだけの人の心を掴み、巻き込んでしまうバイタリティには驚かされるばかりだが、知れば知るほど、私は周囲から見た「オノケン」とはどのような人物だったのかを聞いてみたい気持ちが強くなっていった。オノケンさんに惹かれた人々の心情と、彼の逝去後も栂海新道が守られ続けている理由は、少なからず重なり合っていると感じたからだ。

さわがにの伊藤良信さんは、オノケンさんの部下として共にダイナマイトを使って採石業務に就いていたことから、公私双方の彼を知っていると思い、尋ねてみた。

「仕事は、火薬を扱うこともあってとても厳しかったです。ただ、いろいろな場面で業務の改善もしてくれました。たとえば、傾斜面での採掘を当初はロープにぶら下がってやっていたのですが、ベンチ（棚）を作って立った状態で作業できるようにした上に、重機を入れて採掘した石を効率よく運び出せるようにしてくれました。また、事務所から現場まで一時間くらい歩いて通っていた山道をクルマで通えるようにしてくれたりもしましたね。草刈りでも厳しかった。犬（ヶ岳）に小屋を建てるための資材を運ぶのに一日三回歩荷《ぼっか》しないといけないことがあったんですが、天気が悪くて雨ザーザーでね、勝手に二回で止めたんですよ。そしたら、『何でやめるんやー！』って叱られました。ちょっと手を抜くと怒られましたね。でも、人の気持ちをよくわかってくれていたと思います。私の親父が亡くなった時、飲み屋に誘ってくれて、『お前、もしあれだったら、オレ、親父の代わりになってもいいよ』って言ってくれたんです。その時は、じんときましたよ。さわがにへは『入らんか～？』とやんわり誘われて、私は山岳会なんてどんなものかわからんかったから軽い気持ちで入ってしまいました。そしたら、こうなったんです」

　さわがにのメンバーがいた原石課は、ダイナマイトを扱う特殊技術が必要だったからなのか、基本的に異動はなかったそうだ。オノケンさんも途中からセメント課と兼任で管理するようになったものの、定年退職するまで部署を離れなかった。三十年、四十年という歳月を共に仕事や山へ向かい、同じ釜の飯を食ってきた仲には上司と部下の関係を超えた家族のような絆があったに違いない。伊藤さんがオノケンさんや栂海新道のことを話す時に見せる屈託のない笑顔を目にすると、そう思わずにはいられなかった。

また、さわがにの初期メンバーだった秋山秀実さんにもお話を伺うことができた。

「黒姫山に小屋を建てた頃は職場から山へ行き、山から職場へ戻るという生活をしていました。作業は決して楽ではなかったけれど、山の上で仲間と酒が飲めるのが楽しかったね。職場の仕事が終わると、そのまま一緒にパチンコへ行ったり居酒屋へ行ったりもよくしました。自分が心臓の病気で入院した時も病室に顔を出してくれてよく世話になりました。本当に面倒見のいい人でした。職場では部長まで昇進したし、会社の外では町会議員になったこともあった。仕事と両立しながら栂海新道を通して、その上、長い間維持してきたのだから人をまとめる力があったんだと思います」

オノケンさんは健在なら今年で九十二歳。一緒に働いた様子を話してくれる人はそう多くはないが、伊藤さんと秋山さんの話からは、仕事に対する姿勢が厳格であると同時に人情に厚かったという人間像が浮かび上がる。では、家庭ではオノケンさんはどのように過ごしていたのだろう。妻の紀久子さんに聞いた。

「ご飯だけは必ず家族と食べていました。本人からすると、それが家族サービスのつもりだったようです。食事以外は自分の部屋で好きなことをしていましたね。私にとっては好きなことばかりして当てにならない人でしたけど、さわがに（の活動）以外のことでも関わったことについてはいっさい手を抜きませんでした。工学博士号を取った時も部屋に篭って相当勉強していましたし、それ以外でもいろいろな場で何かを発表する時は丁寧に準備していました」

この話を聞いている時、ふと紀久子さんがさわがにの活動に参加したことはなかったのか気になり、尋ねてみた。すると、新道開拓を始めたころは、山に入る前の物資調達役を任されていたという。しかし、オノケンさんが物の値段を気にせずどんどん買っていくのを見て紀久子さんがたしなめると、「お前はクビだ」と言って外されたそうだ。

「気に入らないことがあるとすぐに怒り出して、どうしようもありませんでした」

と話すが、その物言いにはまったく棘《とげ》がなく、「そういう人でしたから」とあまりに自然に話すので、かえってそこはかとない懐の深さと愛情を感じた。

長い間、オノケンさんの傍で活動してきたベニズワイの相澤千江さんは、「先生に『山で好きなことをやりつづけられるのも奥さんのお陰でしょ』とことあるごとに言っていたのですが、若いころは絶対認めませんでした。でも、後年になるとご自分からそう言うようになっていましたよ」と懐かしそうに言った。

それを横で聞いていた、カタクリの長野ひとみさんはこう付け加えた。

「今、道の維持にかかる費用は行政から補助金が出るようになっていますが、そうなる以前は、栂海新道に関する作業の費用は基本的にオノケンさんが出していました。こんな言い方はなんですが、お仕事の面でどんどん認められてそれなりの収入があったからこそ北アルプスの道を海までつなげるようなことができたのではないでしょうか。これだと思ったら後はまっしぐらで、少年がそのまま大きくなったような方でした。その純粋なところが多くの人を惹きつけたのだと思います。『あれは魅力じゃなくて魔力だ』っていう人もいたほどです」

オノケンさんが子どものころ、自宅の敷地で草野球をしているとグローブがない友達がいたので、自宅にあったソファーの革を剥いでグローブを作り、手渡したというエピソードも飛び出した。やりたいことがあれば、やれない理由を探すのではなく、できる方法を考えて実行する人だったのだろう。栂海新道開拓でも、メンバーにはいきなりアルプスと日本海をつなぐ道を作るとは言わず、「町内の最高峰へ登る道を通そう」と言って、まず菊石山から犬ヶ岳への道を拓き、次に犬ヶ岳から朝日岳への道を付け加え、最後に親不知の海へと全区間をつなげてしまった。本願を成就させるために目的を三段階に分けたところが確信犯であり、ものごとを確実に進めるマネジメント能力に優れていた。ただし、勢い余って国有林を刈ってしまい、大騒ぎになったこともあって、冷静沈着とは言い難い。それでも挫けることなく、伐採再開の許可が出るまでの間に栂海山荘を建て、最後には縦走路を開通させてしまうというやり抜く力、そして、人情深いところが人々を惹きつけたのだろう。

とはいえ、初めから全線開通を腹に据えていたオノケンさんはともかく、藪山に飛び込み、大部分のメンバーが想像を超えるキツイ伐開作業を繰り返す間、さわがにのメンバーはどのように活力を湧き上がらせ、集中力を維持していたのだろうか。熱を帯びた当時の生々しい声を聞いてみたいと思ったが、それは、遠い過去の事であり、叶うはずもないことか……と当たり前なことを考えてひとり悔しがった。

開通への情熱と遭難からの生還

栂海新道開通前夜の熱い声を聞いてみたいと思っていた私に、さわがにの伊藤さんが、「こんなもんが家にあったから持ってきた」とガリ版で刷られた一冊の文集を見せてくれた。タイトルは『さわがに～犬ヶ岳登山道開設記念特集～』（昭和42〈1967〉年10月紅葉　さわがに山岳会）とある。それは、栂海新道の伐開作業真っ最中、菊石山の北東に伸びる三保倉《さんぼくら》尾根をたどって犬ヶ岳へ至る道を開通させたことを記念して出されたもので、メンバー全員が一丸となって突き進んでいった情熱をひとりひとりが綴っていた。その中のひとつを紹介しよう。

「犬ヶ岳の登山道を作りて」縄田芳夫（現・猪又芳夫）

自然が我々に多くのものを与えてくれる事に「美しい」というものがある。

この自然がかもし出す美は誰がどんなことをしようともなくすことは出来ないも

のだ。こんな自然の美しさに、俺はまるで女の子にほれるように引かれて行ったのは二年位前からだったと思う。

それから山岳会に入会したのが丁度昨年の九月頃であった。俺の入った会は「さわがに山岳会」と云う他の山岳会とはまったく異った雰囲気を持っていた。というのはこのさわがにが人の役に立つようなことをする会で、登山道を切り開いたり、山小屋を作ったりしていた。しかし又、厳しい冬山も、春山もやっている俺がこの会に入った時も全力を傾注して犬ヶ岳に登山道を切っている最中だったから運がよかったのか悪かったのか？

とにかく、入会した以上会のしている仕事をやるのが会員の務めであると思いこの伐開に参加した。しかし、俺が想像していたものより遥かにしんどい仕事だった。切り開くといっても、まるでマンガの本で読んだジャングルの様な所であり、初めのうちは無我夢中で刈って行った。二回三回と行く頃だんだん疲れも出て来て俺は一人言を云い始めた。

「こんなことならば入らなければよかった」又何故俺達だけがこんなことをしなければならないのか、と自問しながら会をやめてしまいたくなった。

しかし、仲間一人一人がみんな同じ様に疲れているのに少しも疲れを見せず、むしろ微笑みをみせて一歩一歩山頂へと名前どうり《（ママ）》さわがにの様にもくもくと切り開いて行く後姿が俺の心に強く焼付いた。やめてしまおうと思った自分が恥しくなった。どんなことがあっても先輩に負けずに最後までやり遂げよう。

行く度に雨に逢い、まるで天の神が俺達にやめろと云って邪魔するのか、それとも犬ヶ岳を住家とする熊公が縄張を荒らされると思って雨乞いをするのかは知らないが、とにかく俺達には何にも負けない強い信念があった。俺達がやらなければ誰れがやるのだ……とさわがに根性を発揮して一株二株と進んで行った。或る時は一服時間にブナの大木に刻印したり、マムシのサシミで馬力をつけたり、秋空いっぱいにデカ曲歌ったりのたのしい一時も数限なくあった。間もなく最後の力を出し切って渇望の頂上に達した。

とうとう俺達の手でやったぞ……ふり返ってしばしぼう然としていると、俺達さわがに大将の大きくたくましい「犬ヶ岳、さわがに万歳」の声が秋空深く響き渡った。俺達も負けずに朝日、白馬にも達する声で後に続いた。しかしこれで終わったのではなく整備する所がたくさん残っている。いずれきれいに整備された登山道が犬ヶ岳の頂上に達することだろう。だが俺達の目標は更に長栂、朝日岳へと長く続く。これはどうしても開通しなければならない。そしていつの日か、さわがにの作った登山道が多くの山人達によって踏み固められる日の来るのが待ち遠しくも一番の夢なのである。（原文のママ）

縄田さんの思いを熱くさせたのは栂海の山域が持つ美しさであり、そこに率先して心身を没入してみせたオノケンさんと先輩たちの姿だったことが伝わってくる。ただし、開通まですべてが順調だったわけではない。国有林を誤って伐採してしまった事件の他に、生死の境を彷徨う危うい経験もした。それは、ＪＡＣ越後支部の創立二十周年記念事業で新潟県の県境踏査が計画がされ、一九六六年三月に予備調査として新人を連れて黒姫山から犬ヶ岳方面への縦走を敢行したときのことだ。パーティーは犬ヶ岳を目前にして猛吹雪に遭遇し、動けなくなり、捜索隊が編成される騒ぎに発展してしまう。第一部・第二章の「風雪との戦い」にその経緯が端的に描かれているが、『栂海新道その自然』では、その場でなされたひとつひとつの重要な判断と行動がこと細かに記されている。改めて本書に収めておきたい。

「ある遭難山行」

三日続きの吹雪の朝である。

入山後、すでに六日目になっても天候が回復せず、天は俺達に最後まで味方になってはくれなかった。ラジオのニュースでは、昨日からわがパーティーの遭難絶望の放送を繰り返し伝えている。みんなに聞かれたらショックが大きくなると思って気を遣う。それにしても、捜索隊が入って、大騒ぎにならないように祈っていた。

四人がようやくうずくまれる程の小さな雪洞で、寒さを凌ぐために抱き合っていた。誰かが、うめくように寒さを訴える。少しでも暖をとってやろうと、雪洞の中でコンロを炊いたが、置く場所がなくて手に持っていた。ゴオーという炎の音に、やや落着きを取り戻した。うとうととして顔が炎に近づいたのか、まゆ毛と前髪をすっかり焦がしてやけどしてしまった。みんな少しは仮眠をとって体を休めることができただろうか。長かった夜も明け、ピンチ食も喉を通らないまま雪洞から這い出した。

胸まで埋まったラッセルは益々ひどくなり、歩速は遅れるばかりであった。最短コースをとって柴倉《しばくら》山の北尾根を下ったが、アイサワの瀞に直面して行き詰まってしまった。もはや高巻をかける元気もなくなっていたので、そのまま本流のスノーブリッジを渡ることにした。すでに、危険を予知する感覚も薄れてしまったのか、最も厳しい滝の連続する岩壁の間を気にもせずに歩いて行った。20メートルほどの岩壁を、ザイルを使って登りつめ、待望の左岸に達した。しばらくラッセルをして進むと、Kがへばって完全にダウンしてしまった。他の二人も疲労がひどくなってきたので、体力を温存させるために自分がラッセルのトップを交替する。胸までの雪を身体を前傾にして圧し固め、両手で左右にかき分けて腰のあたりまで出す。それからワカンで雪を踏み固める。同じ行動を繰り返しながら100メートル進むのに30分もかかった。必死の雪泳にすっかり体力を消耗してしまって、心身共に行き詰まってきた。今日もビバークすることになったら、この厳しい環境に耐えられなくなるかも知れない。このままでは全滅する。最悪の場合を考えて、比較的元気なRとGに装備を捨てさせ、軽装にして先に下山させた。自分は、完全にへばってしまったKと最後まで行動を共にすることにした。ここから前方の尾根を越え、庄平を通って下るとアイサワとアブキの出合いに出る。第二アイサワ橋を渡って林道を行けば、会社の発電所の堰堤合宿所がある。宿舎には、同じ職場のYが仕事の応援に来ているので、このメモを渡してKの救助を頼んでくれ、と……。

二人の無事を祈りながら、彼等の姿が消えるまで見送った。あれほど荒れていた天候もいつのまにか穏やかになり、動きのとれなくなった二人だけの静けさになっていった。まず、1回50メートルほど空身でラッセルする。ザックを取りに戻る。Kを連れてくる。ワンピッチ3回の往復が繰り返される。Kがうとうとウワゴトを言い出して動けなくなった。急いでツェルトを張って、コンロで暖房し、マッサージをしながら休息をとる。朝からまだ1キロも進んでいない。この好天を逃したら、永遠に下界に帰ることはできなくなるだろう。体調の回復を待って、羽毛服を着せて再び歩き出す。日はすっぽりと暮れて寒天に星が輝いている。かすかな雪明かりに先発隊のトレールを追う。確実に堰堤に向かっているので安心する。しだいにKの自力歩行が困難になってきた。大声で活を入れて叱咤すること幾度か。肩で支えてやることもできなくなり、ザイルを体中に巻き付けてソリのように引きずった。共に一歩二歩と限界に近いことを感じながら、這うようにしてようやく出合小屋にたどり着いた。(穴だらけの木びき小屋で、栂海新道伐採のときに利用したが、今は倒壊してしまって跡形もない。)しかし、彼等にサポートを依頼してやったのに人の近づいてくる気配はまったくなく、夜も深々と更けて気味悪いほど静まり返っている。とにかく、二人共何とか生きて出合小屋まで戻ってきた。濡れた木っ端を集めてようやく焚火をし、半時ほども休んだろうか。これ以上二人で行動することは困難である。Kに、必ず合宿所の連中と迎えにくるから、小屋から絶対に動かないよう何度も言い聞かせて、一人堰堤の合宿所を目差す。

車道はすっかり雪に埋まって路面がなくなり、雪の急斜面となってアイサワの流れに達している。無雪期なら僅か20分足らずの距離なのに1時間以上もかかってしまった。途中、全身からエネルギーを絞り出すようにおう吐を繰り返しながら、全装備を背負って合宿所に着いた。後半三日間の不眠不食の雪中脱出行は、まさに、かすかに残った気力と皮下エネルギーを食いつくしての奇跡であったろう。

すぐ、会の留守隊と職場の連中が駆け寄ってきた。そこには、もういつもの静かな合宿所はなく、100人近い捜索隊や報道関係者でごった返していた。彼等にKの救助を依頼し、先発隊員の安否を確認してからその場に座り込んでしまった。

メンバーのスタミナ不足による不調というトラブルがあったにせよ、俺はリーダーとして遭難という取り返しのつかないことをしてしまった。まず、犬ヶ岳を目指して日程不足から退却し、厳しい風雪を避けて近道をするため、柴倉山の北尾根を沢に向かって下山したことが失敗であったろう。帰路に最短コースをとったが、沢筋の深雪ラッセルにすっかり体力を消耗してしまったのだ。こんな結果にならないようにと、必死にラッセルをし、不調者をサポートしてきたはずなのに……広河原からイモ平に到着したとき、パーティーを二分したので故障者を徹底マークすることができた。最悪の場合を考えて、パーティーを全滅させない配慮であった。Kと自分は最後まで行動を共にする覚悟で、真に生死を分け合いながら、とにかく戻ってきたのに……いずれも遭難という前科を負った未熟者の愚痴に過ぎなかった。許してくれ仲間達よ。下界のごった返した雰囲気の中で、頭の中はぐるぐると回転しながらものすごく混乱していた。合宿で、心尽くしの熱い梅干しおかゆをすすっていると、気持ちも少しは静まり体内にも三日振りのぬくもりが甦ってきた。間もなく担がれて入ってきたKの顔を蒸しタオルで拭いてやりながら、無性に涙が流れて仕方がなかった。

（昭和41年3月）

（『栂海新道その自然』より。原文のママ）

県境踏査の予行練習として新人を連れて行った山行での遭難。生と死の狭間を彷徨って生還した経験はことの良し悪しを超えて、その後、後継者を導き、育てていく時に何かを決断するための指針となったことだろう。それでも、尚、遭難した半月後には踏査の本番を最強メンバーでちゃっかり実行するという強者ぶりを発揮している。

オノケンさんの中で、現場での判断による修正はあるにせよ、一度決めた計画をやり抜く姿勢にブレはない。家のソファーの革を剥いでグローブを作った子どものころから変わっていないということか。どんな状況に遭遇してもやり抜いてみせる強烈なリーダーシップは、メンバーとの間に「この人についていけば心配ない」という厚い信頼関係を築いていった。また、ともに活動するメンバー同士の間にも強い絆ができていったことだろう。そして、その絆に助けられるのは、オノケンさんも例外ではなかった。

一九八〇年夏、オノケンさんが青海町の町民登山で講師を務めて白馬岳へ登り、白馬岳の頂上小屋にいた時のこと、一本の電話が入った。それは、福島に住む母親の訃報だった。

翌日、蓮華温泉まで二時間半で駆け下りると、さわがにのメンバーが車で待ち構えていた。そして、無言のままオノケンさんを自宅へと送り、糸魚川駅へ向かう。夏休みの真っ只中だったため、ホームへ入って来た特急は超満員だった。ところが、人混みの中から別のメンバーが現れ「×号車の×番に席を取ってありますから気を付けて行ってきてください」と案内された。そのメンバーは始発駅の金沢まで行って席を確保していたのだった。オノケンさんは「まったく一言も依頼をしていないのに、次々とにくらしいほどの気配りである。単なるチームワークのよさなどというものではあるまい。どうにも答えようのない仲間人間とのにっくき関係なのである」と書き残している（『栂海新道その自然』「仲間と母の死」より）。

四団体体制で実現した全区間刈り払い整備

酸いも甘いも噛み分けた掛け値なしの情熱は、伝染する。

新聞で栂海新道の現状を知った精密機器会社、共栄電工が社会貢献の一環として一九九〇年から道の刈り開きに参加したいと申し出た。はじめは二十人程度の参加だったが、年々増え、やがて百人に及ぶ若手社員がマイクロバスでやって来て、親不知から白鳥山までの区間を三班に分かれて刈り開くようになった。

さらに、一九九三年、新潟県柏崎市に活動拠点を置き、オノケンさんの山仲間だった村山治夫さんが籍を置くドンガラ山の会（以下、ドンガラ）が参加。さわがにが刈り開いていた区間の一部を引き継いだ。

会長の佐藤一矢さんに連絡を取ると、「現場については会の立ち上げから一緒にやっていた星野宗男さんが詳しいから、彼に聞くとよいですよ」と案内される。早速、星野さんに電話をすると、八十歳を超えているとは思えない張りのある声でざっくばらんに当時のことを話してくれた。

「はじめの三、四年は、柏崎市にある企業のワンダーフォーゲル部にいた五、六人の有志で栂海新道の整備に参加していましたが、私を含めた何人かが定年退職することになった同じ年に自分たちで団体を立ち上げたのがドンガラでした」

会の主な活動は、柏崎市から請け負った市内にある米山の登山道整備だったが、そのうちの何人かが、栂海新道の整備に参加するようになった。その話を聞きつけた山好きがさらに加わり、栂海新道班のメンバーは多い時で十人を超えることもあったという。

初めての整備で菊石山から白鳥山までの区間に入った時のことを、星野さんはこう振り返る。

「身の丈を超える藪で先が見えないくらい枝葉が密集していて、両手で掻き分けるとやっと地面に幅三十㌢くらいだけ隙間があることがわかるような茂り方で驚きました。さわがにさんたちはカマやナタを使っていましたが、私たちは使い慣れていなかったので、初心者でもとりあえず扱える剪定バサミで刈ることにしました。左右に分かれて座り込み、道幅が二㍍くらいになるように刈っていきました。当然、太い枝用にノコギリも持っていましたが、持ち替えるのが面倒で、直径四㌢以上ある枝を無理やり剪定バサミで切ろうとしてよく柄を折ったものです」

はじめの頃は、担当する区間は決まっておらず、その年毎にオノケンさんと申し合わせて思いついた場所に入り、三日から五日ほどかけて刈り開いていた。

「いくら切っても翌年には五、六割程度元に戻ってくるので徹底的にやりましたね。すると二、三年後から枝の出方がガタンと減ったんです。その後は楽に刈れるようになっていきました。それからしばらくすると、柏崎の米山で刈り払い機を使うようになり、栂海新道でも有効なのではないかと思って使ってみました。そうしたら、剪定バサミを使うより十倍も早く刈れたんです。それがきっかけで栂海新道でも刈り払い機を使うようになったのですが、オノケンさんも同時期に栂海山荘に機械を置くようになったので、山荘のものを使わせてもらうようになりました」

刈り払い機を使う際は、ひとりひとりが道に沿って二十㍍くらい間隔を空けて作業した。登山者とすれ違ったり追い越されたりする時は、刃を茂みの中に差し込んで回転を止めてから通過してもらうように徹底していたという。そして、登山者には「まだこの先で刈っているから、必ず声を掛けて仕事を止めさせてから通過してください」と声をかけることを忘れなかった。

こうして、さわがに、カタクリ、共栄電工、ドンガラの四団体が揃うと、それまで年毎に一部の区間だけ刈っていた作業が、一九九七年、初めて全コースを一度に整備することができた。これをきっかけに各団体の担当区間が自ずと決まり、ほぼ毎年、全コースを整備できるようになった。

一九九七年当時の各会の整備区間は次のとおりだ。

・吹上のコル〜黒岩山＝さわがに
・黒岩山〜犬ヶ岳＝ドンガラ
・犬ヶ岳〜白鳥山〜坂田峠＝カタクリ
・坂田峠〜親不知＝共栄電工

さわがにの伊藤さんは、ドンガラについて「屈強な連中で頼りになった」と言いつつ、「ようやく自分で刈り開けるようになった山を奪われたような気がして悔しくもあったね」と当時を振り返る。無理もない。黒岩山から犬ヶ岳の区間をドンガラに任せた際、さわがにでも使う道具をカマやナタから刈り払い機に切り替えていた。そして、メンバーの中で主に刈り払い機を回していたのは、伊藤さんひとりだったからだ。

「刈り払い機は使い慣れていないとけがが怖いからね。万が一、山の上でけがしたら命取りだ。事故は絶対に許されない。でも、個人で協力してくれた人もいて、彼らが機械を使って手伝ってくれたので本当に助かったよ」

燃料や食料の歩荷役は主に八木さんが担当し、その他に個人で参加した人たちが手伝うことで作業を回していた。

そのころ、さわがにのサポートに入っていたカタクリの長野さんは、さわがにの受け持ち区間の一部をドンガラに頼んだオノケンさんの気持ちを聞いていた。

「『リョウさん（伊藤さんの呼び名）に悪いなぁ。きっとおもしろくないだろうなぁ。でも、整備作業が長く続けられるように次の世代に引き継いでいかないといけないんだよ……』と言っていましたよ」

みんな、自分たちで開通させた栂海新道を守るという思いで動いていた。

毎年四月になると、さわがにやカタクリのメンバーは、まだ雪に覆われた犬ヶ岳へ登り、栂海山荘を開けた。積雪が多い年は、二階建ての小屋が屋根まで雪に埋もれているそうだ。それをスコップで掘り起こす仕事はキツイが、天候に恵まれれば白銀のアルプスと青い海原という他ではなかなか味わえない眺めを楽しむことができるのが魅力だという。五月、海のウェストン祭を前にカタクリが坂田峠から白鳥山まで刈り開きをして白鳥小屋を開けると、六月から七月にかけて四団体がそれぞれのスケジュールで一年間伸びた分の枝葉を刈る。登山シーズンに入ると、カタクリのメンバーが随時細部を見て必要な部分に手を入れていった。特に標高が低い白鳥山以北は下草の成長が早いため、必ず数回は調整する必要があった。

整備団体の思わぬ変更と協力団体の卒業

四団体制はしばらく続いたが、二〇〇六年に思いがけない変化が外部からもたらされた。

吹上のコルから黒岩までの区間は一九八四年に中部山岳国立公園に指定されていた。この区間で荒廃が認められたため、調査の上、整備する必要があるという旨の通達が環境省から入り、必要な施業を行った後は朝日小屋に登山道の管理が委託されることになったのだ。

一九八四年といえば、ベニズワイが結成された年。それから二〇〇六年までの二十二年間整備を続けている最中の突然の申し渡しだった。どうしてこんなことが起きたのかと思われる人がいるかもしれない。だが、富山県内の山域を管轄する環境省の立山管理官事務所に配置される国立公園管理官は、当時も現在も一人だ。この人数で広大なエリアを見回り、そこで行われるあらゆる事業の書類処理もやらなければならない。しかも、管理官は通常三年程度で異動するので、白馬岳より北の隅にある栂海新道にまで目を配る時間が長い間取れなくても不思議ではない（この体制には問題があるとは思うが……）。

とにかく、この出来事は、さわがにのメンバーにすれば寝耳に水だった。道が開通した時点では国立公園ではなかったし、国立公園指定後も自分たちが通した道を維持することになんの疑問も持っていなかっただろう。また、当時、さわがにやベニズワイとしても登山者の増加によって該当区間にあるアヤメ平や黒岩平の荒廃を問題視しており、再生するために十年単位の期間を見越してキャンプ禁止の立て札や植生回復のための麻マットを設置していた。その甲斐あってか、チングルマの芽が出てくるなど、回復の兆しが現れ始めた矢先のことだった。

二〇二三年現在、この区間がどのような管理体制になっているのか環境省立山管理官事務所に問い合わせたところ、次のような説明を受けた。

現在、木道を入れている場所を中心に吹上のコルから黒岩までの区間の約三分の二について環境省が管理者になっており、それ以外の地道部分も含めて朝日小屋の母体である大蓮華山保勝会に管理を委託しているという。そのため、実際に登山道の見回りや荒れた部分の手当ては朝日小屋のスタッフが行っている。

当時、環境省の職員による現地調査で山を案内したのが、他でもないオノケンさんだった。そこでのやり取りの記録はないが、環境省の担当官からは国の基準に乗っ取った整備を行わなければならないことを告げられたそうだ。国立公園になったこと自体は、自分たちで作った道ができたことでその山域の価値が評価され、指定されたのだから、保護と活用のお墨付きをもらってめでたいことでもある。しかし、指定されて二十年以上経ってから急に手を引くように言い渡されたことは、自分たちで開拓し、長年管理してきた身としては、納得のいかない部分も多かったに違いない。だが、とにもかくにも現実は動かしようもなく、吹上のコルから黒岩山までの区間は、二〇〇八年をもって、さわがににによる刈り払い作業は終了となった。

団体にとって理不尽な出来事ではあったが、栂海新道開通後三十五年間整備に携わってきたひとり、伊藤さんは、「あの時は正直、ほっとしたよ」と静かに言った。さわがにのメンバーでは若手だった伊藤さんもその時は六十代になっており、メンバーの体力は限界に近づいていた。

そして、共栄電工が二〇一七年に作業協力を終了。ドンガラが二〇一九年を最後に栂海新道での整備活動を休止し、二〇二三年にメンバーの高齢化を理由に会そのものの活動を閉じた。共栄電工の協力は二十七年に及び、ドンガラは休止期間も含めれば二十九年という長期協力だった。

ドンガラの星野さんは、長年の整備作業をこう振り返る。

「作業は、毎年、七月半ば頃にやっていました。多くの登山客が山に入る直前に行うことで少しでも有効に草を刈りたかったからです。つまり、梅雨の最中にやっていたので、二十九年間整備をしていて晴れたのは最後の一年だけでした。いつも雨風に晒されながら合羽を着て刈り開いていたので弁当を食べていても楽しくはなく、体を動かしている方がマシな状態でした。でも、登山が苦しいほど達成できた時にうれしさに変わるように、終わってみれば大変だったことが楽しく思えます。私にとって栂海新道は他のどこにもない百花繚乱がある、苦しいけれど素晴らしいコースです」

ドンガラが最後の作業をした二〇一九年、星野さんは八十三歳になっていた。

整備を終えた後の共栄電工メンバー

大きな喜びを与えてくれる山への恩返し

二〇二三年の整備担当は次のとおりだ。

・吹上のコル～黒岩山＝朝日小屋
・黒岩山～犬ヶ岳＝栂海岳友会
・犬ヶ岳～白鳥山＝栂海山遊同人
・白鳥山～親不知＝カタクリと栂海岳友会

ここで、新たに栂海山遊同人と栂海岳友会の二団体が加わっている。

栂海山遊同人は、共栄電工の社員だった岩片克己さんが二〇一〇年に立ち上げた。共栄電工が整備活動に参加するようになった一九九〇年の前年、栂海新道開通の経緯と維持の困難を伝える新聞記事を見た同社の社長に委任されオノケンさんの元へ向かったのが岩片さんだった。山が好きで、穂高岳山荘で働いていた経験が買われてのことだった。

共栄電工の整備活動が始まると、岩片さんもその一員として参加するようになる。そして、一九八九年に開催された第一回海のウェストン祭では、カタクリの長野ひとみさんと共に記念献花を任され、大きな期待が寄せられていると感じたそうだ。

岩片さんは、独自の団体を立ち上げた経緯をこう語る。

「私は実家の家業を継ぐために二〇〇八年に共栄電工を退社しました。当時、起伏が激しくコースの中で一番険しい犬ヶ岳から白鳥山の間をカタクリのみなさんが担当していました。その作業されている様子を見ていて、みなさんの年齢を考えると大変だろうなぁと思っていました。それから同じ区間を友人と三人で勝手に刈り始めたんです。初めは白鳥山から菊石山、翌年は黄蓮の水場までというふうに北から南へジワジワと距離を延ばしていきました。その活動が、二〇一〇年の栂海山遊同人発足につながったのです」

栂海山遊同人のメンバーは約二十人。毎年七月初旬に犬ヶ岳～白鳥山間と麓から白鳥山へ通じる荷上げ用の山姥ルートの整備を、岩片さんの言葉に従えば「勝手に」行っている。

作業には、起点となる白鳥小屋に置かれた刈り払い機三台に加え、自分たちでその都度持って上がる三、四台を使う。山姥ルートで白鳥山へ登る時は、自前の刈り払い機を使って道を開きながら山頂の白鳥小屋まで五時間くらいかけて登るそうだ。さらに、白鳥山から犬ヶ岳の栂海山荘へは刈り開き班八人から十人の他、食料や燃料などの荷物を担ぎ上げる人も合わせて総勢十三人程度で山に入り、二泊三日で整備を行っている。

「刈り払い担当は、必ず熟練者と初級者で組むようにしています。初級者を先行者にして道のセンターから左手を刈り、熟練者が後ろについて右手を刈りながら進んでいきます。熟練者が後ろなので、常に視界に入っている初級者の安全を確認したり、アドバイスしたりできますし、お互いの間隔や進む速さを調整しやすくしています」

参加者は全日程出られる人もいれば一日だけの人もいるため、進め方はその都度変わる。一例として、その方法を聞いた。

十人五組の刈り開き班を二手に分け、二組が白鳥山から、三組が南下して下駒ヶ岳から犬ヶ岳へ向かって作業を開始する。双方、夕方五時くらいには白鳥小屋へ戻って来られる地点まで進むとその周辺に機材を仮置きし、小屋へ戻って待機組が用意しておいた水を頭から被ったり、食事を取ったりする。二日目は機材を仮置きしておいた地点に戻り、続きを行う。

「日が暮れれば、そのまま慰労会になります。七月初旬はまだところどころ雪が残っていて夏道の整備には少し早い感じもありますが、私たちにとってはビールが冷やせる雪がある点がとても重要なんです。それ次第で作業に取り組む姿勢がだいぶ変わりますから。そして、オノケンさんは、我々が一杯やるぞという時には必ずお越しになり、栂海新道談義が始まるわけです。伐開の時のことや、登山者にとっての命の水を見つけようと一本一本沢へ降りて探し回った話、いろいろな人との出会い、メディアの取材を受けた時の話など、話題には事欠きませんでした。これが私たちにはとても楽しいひとときでした」

と語る岩片さんは、オノケンさんとの出会いが自身の後半生を新たな世界へ突き動かしたと振り返る。

「朝日岳から海まで道があったらいいなと思うことは誰にでもできますけど、それを実際に行動に移して作ってしまう。そして維持してきたのですから、やはりすごい人です。オノケンさんがおっしゃった『栂海新道は、山と海をつなぐ。山と人をつなぐ。人と人もつなぐ』という言葉にとても感銘を受けました。栂海新道に関わる人間がいろいろな形でつながってくるということを、私も自分の仲間といる中で実感しています」

その喜びを栂海山遊同人でも分かち合いたいと、岩片さんがいつもメンバーに言っている言葉が「できることでつながっていよう」だそうだ。

「山が好きならそれで充分。お酒飲んで山小屋で賑やかにするのが好きでもいい。草は刈れないけど少しの荷物なら歩荷できるでもいいのです。つまり、草が刈れないならお前いらないとか、草が刈れる技術と体力があるやつだけ集まれっていうんじゃおもしろくもなんともないですよね。できることで栂海新道につながっていよう。それが、山遊同人の理念なんです。そうして携わっているうちに、自分ができなくても、草を刈る体力と気力のある人をちゃんと連れて来てくれるんです。できることでつながっていようと呼びかけ続けてきたことは自分で実際にやってみて本当によかったと思っています。みんなもその考え方を受け入れてくれていて、各々が自分でできることをせっせとやっています」

メンバーの中には、もともと山をやっていなかった人が小屋で料理を作っているうちに山が好きになった人もいるそうだ。

岩片さんは、二〇一三年ころ、昔よく大学の山岳部などで歌われていた「新人哀歌」の替え歌で「栂海新道ヤブ刈り賛歌」を作ったとうれしそうに言った。

「作りたてのものをドンガラの星野さんに見せたことがあって、『お前、これじゃ〈オノケン賛歌〉じゃないか。もっとここはサラサラといけ』などと言われて少し直したのですが、私の栂海新道への思いが詰まっているので見てください」

と言って、後日、メールで次のような歌詞を送ってくれた。

「栂海新道ヤブ刈り賛歌（新人哀歌替え歌）」　作　栂海山遊同人

一、いいぞいいぞと誘われて　喜びいさんで来て見れば
犬に朝日と連なって　栂海新道遥かなり

二、さわがに戦士《もののふ》心意気　ヤブを拓いて半世紀
繋ぐ心のありがたさ　アルプス・海への夢の道

三、春は残雪ブナ若葉　百花繚乱夏の道

錦織り成す秋衣　冬は真白に眠りけり

四、朝日顔出す焼・火打　漁火遥かに能登の海
北に霞むは佐渡ヶ島　南に連なる劔《けん》・後立《ごたて》

五、栂海山荘我がお城　夜は満天天の川
友と語らうその手には　明日の活力缶ビール

六、俺はしがない山ガラス　雨に打たれてヤブを刈る
汗と涙のその先に　可愛いあの娘の片えくぼ

七、小野健さんよありがとう　初志を貫くその姿
我らの誇りと受け継ぐは　継続成果の心意気　継続成果の心意気

継続成果とは、オノケンさんが本書の第二部で書いている「継続は成果なり」のことである。ここでいう成果とは、続けることで生まれ、維持されてきた栂海新道のことだ。岩片さんの言葉から感じるのは、心と体に湧き上がった感動の本質を正確に理解し、素直に行動する力。すべてひとりの人間の中で行われる作業だが、感動と行動を一致させ、継続させることは簡単なことではない。そのぶれない取り組

みが、「やらなければいけない」という使命感というよりも、「楽しいからやりたい」という喜びを生んでいる。

山遊同人のメンバーの年齢層は、五十歳前後から七十代まで。二十歳ほど幅があり、十年後、二十年後に仲間の誰がどのような役どころを担ってくれているかが岩片さんの頭の中では自然に見えているという。

「みんな、栂海新道は自分たちのホームグラウンドなんだと思っています。ここを整備することで、大変ながらもさまざまなことを気づかせてくれたり、大きな喜びを教えてくれたりする山への恩返しをしているという感覚を持ちながら取り組んでいます」

だから、オノケンさんが危惧していた刈り払い作業の後継者についても、「あくまで自分たちは一番きつい区間を担う助っ人」と断りながら、現在のやり方を続けていけば、自然と受け継がれていくだろうと岩片さんは考えている。

心を育ててくれる文化の道

そして、最も新しい参加団体、栂海岳友会（以下、岳友会）が設立されたのは二〇二〇年。一九七一年の新道開通から五十年以上続く整備事業の中で、オノケンさんが他界した後に結成された唯一の団体だ。

設立のきっかけは二〇一八年、カタクリの長野ひとみさんが、参加団体の高齢化とそれによる人員の減少で栂海新道の存続が危ういと考えていた時に、彼女の自宅の近所に住んでいた地元の消防本部に勤務する弓矢弘毅さんに声をかけたことだった。

「彼が朝日岳方面山岳遭難対策協議会（以下、朝日遭対協）に入っていて、（登山道整備に必要な）体力や技術をすべて持っていることは知っていたので、お願いしたいなぁと前々から思っていたんです。そして、たまたまお会いする機会があったので『このままだと栂海新道を継ぐ人がいなくなってしまって切ないんだぁ』とぼやいてみたんです。そうしたら、『ぼくでよければやりましょうか』って言ってくれたんですよ。うれしかったです」

　と長野ひとみさん。

　弓矢さんは、翌年の七月から三人の仲間を連れてベニズワイの刈り開き作業に助っ人として参加。長野さんは、この動きを未来の整備活動につなげたいと思い、彼らに独自の団体を立ち上げてはどうかと持ちかけて設立されたのが、岳友会だ。

　岳友会会長の長野隆一さんは、当時、糸魚川市消防本部の消防署長だった。二〇二〇年には定年退職することが決まっていたその時に、

「後輩の弓矢くんに、『退職したらヒマでしょ。やりませんか』と言われたんです」

　と笑う。長野会長は、オノケンさんとも顔馴染みだったという。

「朝日遭対協の仕事で朝日小屋へ行った時にお会いすることがあり、以前からなぜか優しく接してくださっていました。小野さんはライフワークで栂海新道のカレンダーを毎年作っておられたのですが、わざわざ署まで持ってきてくださったこともあります。そんなこともあって、弓矢くんに誘われた時、じゃあやってみるかという気になったのです。これまでも、個人的に雨飾山や新潟焼山などで登山道整備や蓮華温泉から大池までのルートにマーカーを入れるなどの作業をした経験はありま

したが、栂海新道は曲者というか、今までの山とは感覚がまったく違いますね。とにかく長い」

担当区間は、ドンガラが作業していた黒岩山から犬ヶ岳までを引き継ぎ、白鳥山から親不知までの道もカタクリと共同で整備している。

「基本的に年三回、栂海山荘と白鳥小屋の小屋開けと小屋閉め、夏に一度様子を見に山へ入ります」と長野会長は言ったが、二〇二三年の活動内容を具体的に聞いてみると、実際はそれでは済まないことがわかった。

四月、親不知〜白鳥山の草刈り＝二人／二日間
五月、親不知〜白鳥小屋の草刈りと水場メンテナンス＝三人／一日
六月、白鳥小屋と栂海山荘への荷上げと小屋開け＝十人／二日間
七月、犬ヶ岳〜黒岩山の草刈り＝三人／四日間
親不知〜赤い階段（入道山〜尻高山間を横切る林道）の草刈り＝三人／二日間
坂田峠〜赤い階段の草刈り＝三人／二日間

親不知～坂田峠の草刈り＝三人／二日間
八月、栂海新道全区間パトロール＝四人／三日間
九月、親不知～赤い階段の草刈り＝三人／一日
十月、栂海山荘の小屋閉め＝十人／二日間
十一月、白鳥小屋の小屋閉め＝五人／一日

白鳥山から親不知までの区間だけでも、小分けにしているものの年に六回、延べ十日間整備している。

六月の栂海山荘と白鳥小屋への荷上げでは、まだ雪が残っているため草は伸びておらず、大きな倒木や崩れなどがある場合のみ処理しているという。九〇年代は、朝日小屋と連携してヘリコプターで荷上げをしていたこともあったが、二〇一九年、契約していたヘリコプター会社の事業見直しで契約打ち切りとなってしまった。

カタクリの長野ひとみさんは、「当初は困惑したものの、元々、栂海山荘も白鳥小屋も営業小屋ではないので、それほど物資を上げる必要もないと考え直し、ヘリ輸送が始まる以前同様、歩荷に戻しました」という。それでも道の整備に必要な機

械や燃料、食料などはすべて人力で上げなければならず、決してたやすいことではない。岳友会も山遊同人も整備に使う道具や食料は自分たちで小屋へ担ぎ上げているが、それだけでは間に合わず、春先、蓮華温泉のスタッフに歩荷を頼んでいるそうだ。

そして、八月の全区間パトロールでは、岳友会のメンバーでカマとノコギリを片手に朝日岳から親不知へ向かって補修が必要な場所はないかと見て回っている。

「古い切り株を見ていると、よくぞこの筋に道を通したなと感心します。歩きやすいことはもちろん、崩れにくくて管理しやすい場所をきちんと選んでいる。その山を深く知る人でなければできないことです」

と長野会長は、歩くたびに先輩たちの確かな目に驚かされるという。

刈り払い作業の方法は、山遊同人と同じように進行方向に向かって左右で担当を分けて草を刈っていく。ただし、そこに機械の燃料やメンバーの食料を運ぶ係を一人付けて三人一組で行動する。

現在の会員は、三十代から六十代までの男女十三人で、随時、ボランティアサポーターを募集しているそうだ。

「来てくださる方の能力がわかりかねる部分がありますので、ボランティアの活動は夏に限らせてもらっています。それでも、標高が低くてアプローチしやすい麓から白鳥山までの作業ですと十人くらい来てくださることもあります。ただ、奥にある犬ヶ岳まで行く場合はなにかあった時に自力で下山できるだけの体力と技術がないと危険なので、今のところ行ける人数は限られていますね。でも、この活動で、将来、正式メンバーが増えていけばいいなと思ってやっています」

と長野会長は、岳友会が活動を始めてまだ間もないが、既に後継者育成に取り組み始めている。

長野会長にとって栂海新道の魅力とは何ですかと聞いてみた。すると、少し考えてから、こう教えてくれた。

「答えになっているかわかりませんが、道の整備をしていると通りがかる登山者たちがありがとうと声を掛けてくれて、それがうれしいですね。草を刈っているだけ、山に身を置いているだけで楽しい。三百年前に日本を訪れた西洋人が、『日本人は、貧しいのにみんな幸せそうな顔をしている』と不思議がったそうですが、今は、貧しいことは不幸せなことだと考える人が多いのではないでしょうか。しかし、貧しいことと不幸は同じではありません。何も持っていなくてもいるだけで幸せになれる、心が豊かになる、栂海新道はそんな場所です。そして、ここには、文化が息づいています。文化というと歴史のある古いものこそ素晴らしいと思われがちですが、そうではない。そこで生きてきた人々が素晴らしいのです。ここには、道を拓き、守り続けている人たちがいて、そこを歩きに来る人たちがいます。そうした文化に触れることで心が育まれます。私は、子どもたちを栂海新道に連れてきて、そうした文化に触れてもらいたいと思っています」

ひとりひとりの胸にある栂海新道

この章の冒頭にも書いたが、道は、誰かが通い続けなければ消える運命にある。糸魚川市やカタクリが集計している二〇一三年以降のデータでは、栂海山荘の年間予約者数はコロナ禍の二〇二〇年からの二年間を除いて四百から五百台後半で安定しており、海側から入りやすい白鳥山へは年間二千人以上の登山者が栂海新道を使って登っている。それでも、二、三年も放っておけば深い藪に埋もれてしまう自然環境で、さわがに、ベニズワイ、カタクリ、共栄電工、ドンガラ、山遊同人、岳友会が次々と立ち上がり、途中で国立公園となった吹上のコル～黒岩山までの区間は朝日小屋が請け負って数珠つなぎに作業を引き継いで道を守ってきた。獣道を通う獣のようにただ通過して踏み固めるのではなく、カマやナタ、刈り払い機などを使って登山者が通れるようにと、五十年以上、毎年道を開きに山へ入る。そこに強い意志があることは明確だが、その意志はどこから生まれてくるのか。それがこの取材を通して、私が一番知りたいことだった。だが、その答えは、このページに至るまでに話してくれたみなさんの言葉の中にあった。

それは、開拓時代まで遡る。まず、「あれは魅力じゃなくて魔力だよ」と囁かれるほどの強靭な行動力と強烈な指導力を発揮したオノケンさんから始まり、さわがに精神の根底には、犬ヶ岳への道を拓いた時に縄田さんが「こんな自然の美しさに、俺はまるで女の子にほれるように引かれて行った」と綴ったような栂海の自然への愛情と感動があった。その活動の中で、さわがにの伊藤さんの父親が他界した時にオノケンさんが「オレ、親父の代わりになってもいいよ」と労わったり、オノケンさんの母親が他界した時に速やかに帰郷させるための手筈をメンバーたちが整えたりするような強い信頼関係が築かれていった。掲げた目標が達成困難なものであればあるほど、そのために結束した共同体の団結力は揺るぎないものになる。ベニズワイの相澤さんが「みんないろいろあるのにずっとやってこられたっていうのが本当に不思議です」と振り返るほどの情熱は、側から見ていて骨の折れる作業も楽しさに変えた。ここで得られる充実感は、人間が全身を大地に投げ出して何かをなす時に理屈なしで感じる原始的な喜びから生まれる。また、その行為は、人間が生きていくために必要な術《すべ》を自然から学び取るために欠かせないものであり、生きている実感に直結している。生きている喜びと手応えが得られる場は、岳友会の長野会長が言った「何も持っていなくてもいるだけで幸せになれる、心が豊かになる」拠り所となり、整備に携わるすべての人にとって栂海新道が「自分たちのホームグラウンド」になっていった。

オノケンさんは、「事業の成果は、情熱、時間、行動の三位一体の融合によって実現できる」（第二部「継続は成果なり」より）と書いているが、栂海新道がありつづけるために欠かせないこの三つの要素は、整備に関わる人々へしっかりと受け継がれていた。そして、オノケンさんが去った後の十年という時間で、さらなる情熱と行動が積み重ねられ、新たな信頼関係とひとりひとりの生き甲斐を育みながら、栂海新道を未来へと紡いでいこうとしている。

第三部あとがき

栂海新道をはじめて歩いたのは、二〇〇八年晩夏のことだった。朝日岳から親不知を目指したその山行の前に読んだ作品が、オノケンさんの著書『山族野郎の青春北アルプスに道を拓く』（小社刊）だった。栂海新道の開通と同じ年に出版され、十年に及んだ開拓の様子が生き生きと記されていた。その記憶が色褪せぬうちに歩いた、鞍部に続く高層湿原や鋸の刃のように激しく上下する痩せ尾根、大きく涼やかな影を作るブナの森、要所ごとに喉を潤してくれた水場、そして旧北陸道の峠を横切りながら海原に下りていく麓の道は、みな、さわがに山岳会やその仲間たちによって作られ、守られてきたのだと思うと深い感謝の念が体の奥から湧き上がってきたのを覚えている。

その後、新道開通の後日譚を加筆した『栂海新道を拓く　夢の縦走路にかけた青春』が出版され、いつか道を整備しているみなさんにお会いしてみたいと思いつつ、不精が故、日常に流されているうちにオノケンさんは逝去してしまった。

そして、二〇二一年、栂海新道は開通五十周年を迎えた。さらに、オノケンさんが黄泉へ旅立って十年が経つ二〇二四年三月、電子書籍版だけになっていた『栂海新道を拓く　夢の縦走路にかけた青春』に新しい章を加えてよみがえることになったのが本書である。

その新しく加わる第三部を執筆することになった私は、栂海新道を再び歩き、開拓と整備に携わってきた人々にお話を聞いていった。そこで、「登山者に毎年歩いてもらう」ことを目的とした彼らの行動とその原動力について訊ねているうちに、なぜか二十世紀初頭にイギリスで起こったランブラー運動を思い起こすようになっていた。

産業革命以前、イギリスの農家は地主の土地を開放してもらい、そこで作物を育てて生計を立てていた。しかし、産業革命が進むと地主たちは土地を開発するために農家の立ち入りを禁止する。その結果、農家は都市に出て労働者になったが、急激な産業化と人口急増で都市の労働や生活の環境は劣悪になっていった。たまりかねた労働者たちが、自然の残る郊外へ息抜きをしに歩きに行くアクセス権を主張したのが、ランブラー運動だ。ランブラーとは、ハイカーを意味する。この自然を活用するための運動は自然保護運動と合流し、イギリスの国立公園制度が生まれる礎になった。

いったい栂海新道と何の関係があるのかと思うだろうが、国も時代も体制も違うものの、双方の活動には、根底に「そこを歩きたい」という強い意志がある点で私の頭の中で結びついた。

ただ、組織の性質から見ると両者は対照的だ。ランブラーたちは、土地の所有に関係なく自然の中を自由に歩けるよう組織立って運動を展開し、その権利を勝ち取った。一方、栂海新道を整備する団体は、道を開通させたさわがに山岳会こそオノケンさんの強烈な統率力でまとまっていたが、その他の団体は、規律の厳しい組織というよりは、ひとりひとりの心意気で成り立っているように思える。その心意気と心意気がゆるやかに連携することで半世紀以上、道が守り続けられていることは、本当に素晴らしいことだ。ただ、そこを歩けば誰もが豊かな自然に触れられるという意味も含め、万人が往来する公共性の高い「道」の整備を支援する制度が全国レベルで作られれば、もっとやりやすくできるのではないかとも思う。

そのような支援制度が求められる場所は、栂海新道に止まらない。近年、放置や利用過多による登山道の荒廃が全国規模で進んでいる。そこでは、管理責任の所在や手を加える際の手続きが複雑であることの他、整備が周辺の環境に適切なものになっていないなど、さまざまな要素が絡み合って大きな問題になっている。そうした中で、北海道の大雪山系を中心に行われている生態系復元を目指した「近自然工法」による登山道整備や、長野県内の北アルプス南部を通う登山道を二十路線に分けて管理する協議会の取り組みが、環境問題の教育が浸透した若者を中心に注目されている。登山愛好家が参加できる登山道整備のワークショップも増えてきた。このような動きが全国の山へ広がり、登山道整備に関わる問題や課題が多くの人に認識されれば、制度化への道が開けるかもしれない。

絵空事に聞こえるだろうか。だが、さわがにのメンバーは、誰も実行しなかった栂海新道を開通させ、その意志を継いだ仲間たちが今も守り続けている。自然の真っ只中を歩き続けたい、登山道を守りたいという気持ちがある人は、地域で行われている登山道整備の活動に参加してみてはいかがだろう。登山とは一味違う山の魅力、山を通じて得られる新たな喜びを知ることができるかもしれない。そして、自らが地べたに伏して道を直し、道を拓く時、本書に綴られたオノケンさんや各団体のみなさんの言葉が、きっとあなたの心の中に新たな意味を持って立ち上がってくるだろう。

最後に、本書の取材にご協力くださった各整備団体の方々と小野紀久子さん、朝日小屋の清水ゆかりさんに厚くお礼を申し上げます。なかでも、資料の提供やインタビュー先への連絡などを一手に引き受けてくださったカタクリの長野ひとみさんには大変お世話になり、感謝の念に堪えません。また、山と溪谷社の吉野徳生氏には編集の面でさまざまな助言をいただき、心より謝意を表します。

二〇二四年二月吉日　吉田智彦

本書の刊行によせて

長野ひとみ（ベニズワイ山岳会、カタクリクラブ）

通称「オノケンさん」と呼ばれた小野健さんを、ごく身近にいた私たち関係者みなは、尊敬と親しみの思いを込めて「先生」と呼ばせていただいていました。

二〇一四年三月十七日、先生は亡くなられるその時まで栂海新道の行く末を心配され、それを私たち近しいメンバーに、最期の病室で「頼むね……」とのひと言に託して逝ってしまわれたのです。享年八十一歳でした。

栂海新道のすべてを知り、一人でさまざまな役を担ってこられた先生が亡くなられた後、私たち関係者の思いはただひとつ。とにかくこの道を、この思いを絶やしてはいけない、どうすれば後につないでいけるのか、そのことばかりを考える日々が続きました。

ありがたいことに、関係者の熱い思いを受け止めてくださる方々により、二〇二〇年四月、後をお願いできる団体として栂海岳友会が正式に発足。私たち既存の団体も、岳友会を支えていこうと微力ながら歩みを続けていた最中でした。

栂海岳友会設立から一年後の二〇二一年四月、小野先生亡き後を引き受け、みなが頼りにしていたカタクリクラブ二代目会長の齊藤八朗さんが「オレ、ホッとしたわ、ありがとうね、勘弁ね、頼むね」と電話の向こうで言い残して帰らぬ人に。

それからの私は、栂海岳友会の独り立ちと、さまざまな事業や事務の継承、残された各種団体の整理等々をどう進めていけば良いのか、深く暗中模索する毎日でした。

二〇二二年五月二十二日。坂田峠から登り始め新緑の白鳥山を日帰りする、この時季恒例となった山歩きに参加したのは、小野健さんの最晩年に付き合いの深かった大勢の中の、相澤春雄さん・千江さん夫妻、池田まさ子さん、私、そして朝日小屋管理人の清水ゆかりさん、この五人でした。

登山道の両脇一面に咲き誇るカタクリの花たちに元気をもらいながら、いろんな思い出話にもまた賑やかな花が咲いていました。そんな下山の途中、ふとゆかりさんが「小野健さんが亡くなられて何年になるかなぁ？」と聞いてきました。

「二年後の二〇二四年で、丸十年。早いよねえ。先生のこと、栂海新道のこと、苦労してきた大勢の仲間たちのこと、この後をつないでくれるみなさんのこと、できればいつか本にでもしたいんだけど」と口に出すと、ゆかりさんが「やろうよ、ひとみさん。再来年の、小野さん没後十年の節目に！」と頼もしい言葉で背中を押してくれました。下山後、早速ゆかりさんが旧知の山と溪谷社の編集部につないでくださり、その後、関係者が集まっての対談や話し合い、聞き取り作業が何度も行われました。

こうやってふとした会話から始まった、この本の出版に向けての一連の作業には、栂海新道開拓の歴史はもちろん、さまざまな事象の再確認をはじめ、資料の整理や細かな調整に想像以上の時間が掛かりました。あれよあれよ、あっという間の二年間でした。

小野健さんが栂海新道の伐開に着手されてからすでに六十年近くが経ち、全線開通してから五十年以上。新たに四年前「栂海岳友会」が発足し、栂海新道のこれから先を担ってくれる方々につなげることができました。そして小野健さん没後十年。この節目の年に、この本の出版に至ったことを本当にうれしく思い、私たち関係者もようやく少し肩の荷を下ろすことができたかなと思っています。

今回苦労したのが、膨大な資料と、あわせて四万点を超える写真、それらを前にした気の遠くなるような整理作業でした。これについては、栂海新道開拓の以前から も含めて先生が撮り溜めてこられた写真もあり、小野健さん亡き後、整理もそこそこに、ご自宅に残されたままになっていました。

なかには、先生しか撮りえない貴重な写真等も多数存在しており、また今のようなデジタル化されていない写真の数々であるため、その整理保存を含め、貴重な資料として後世に残すためにも今回が最初で最後のチャンスと捉えて作業に取りかかったわけではあるのですが、実際には本当に苦労の連続でした。幸いにもこの本の出版の前から、糸魚川市のフォッサマグナミュージアムと、糸魚川市役所青海事務所担当課のみなさまの全面的なご協力を得ることができ、専門家による整理と保存が進められましたことに、改めて心から敬意と感謝を申し上げます。

先生についてのエピソードは数知れず。語り出すと話は尽きません。アルプスと海をつなぐ大事業を成し遂げただけでなく、多くの人と人とをつないでくださったその魅力には、この本を作るためにさまざまな資料を紐解くたび改めて思い知らされることばかりでした。

厳しい半面、そのシャイでお茶目な人柄と、そして何より溢れる情熱がたくさんの人々を惹きつけ魅了したに違いありません。

今さらですが、小野健さんの出身は福島県で、その福島なまりの発音がそのまま使われたという逸話等も多々あります。

「ベニズワイ」というのは蟹の名前。「ベニズワイ山岳会」初代会長の八朗さんが「オレたちは海から山へと整備して行くんだから」と、蟹の名前がそのまま山岳会の名前になったのです。しかし、小野先生が各講演会やいろいろな著書の中で、福島なまりの発音により「ワ」が「ア」になり、仲間内では知られた「ベニズアイ山岳会」と呼ぶこともあります。しまいには、「アでも、ワでも、どっちでもいいわネ！」となってしまい大笑い。

同じく「シキワリ」という地名は、実は本当は「ヒキワリ」だったのです。工学博士だった小野先生によると、山と山が「引き割られてできた谷に水が湧き出ている場所」という意味で、「ヒキワリの水場」としたはずだったのですが、これも福島なまりの小野健さんの発音が関係して「シ」と「ヒ」がうまく伝わらなかったため、「シキワリの水場」という通称として、以降、広く認知されていったというエピソードもあります。

小野健さんとの思い出は尽きません。食に関しては好き嫌いの多かった小野先生、どこの山へ行くにも私たち取り巻きメンバーは、先生の好物のカボチャや豆の煮物、野菜、そして大好物の甘い物をしっかり歩荷して歩いたことも、今では忘れ得ぬ懐かしい思い出です。

ところが昨今、栂海新道を歩かれる登山者のみなさんの中には、「**伐開の経緯も歴史も、さわがにも、小野健さんの名前さえ知らない**」という方々も少しずつ増えてきたように見受けられます。

私たち関係者の我が儘かもしれません。それでも、伐開と整備の苦難の証しを記録し伝え続けたい、アルプスと海はつながっていてほしい、何より栂海新道を多くの登山者に歩いてほしい、いつまでも愛される道であってほしい。そんなたくさんのさまざまな思いを抱きながら、この本を出版させていただけることには、本当に感謝の思いしかありません。

小野先生が亡くなられた後も、先生がつないでくださったメンバーが、労を惜しまず誰彼となく手伝ってくれました。そして約束どおりに「後継ぎ」もできました。

開拓と整備の労苦を担った、さわがに山岳会。
開通後の整備に今も携わっている、ベニズワイ山岳会。
先生のお膝元でがんばった、カタクリクラブ。
遠方から駆けつけてくれた、ドンガラ山の会。
頼もしい力を発揮し続ける、栂海山遊同人。
夢を受け継いでくれた、心強い、栂海岳友会。
会社を挙げて整備に協力いただいた、共栄電工社。

いつもお世話になっています、これからもよろしくお願いします。
朝日小屋管理人・清水ゆかりさんと前管理人・故下澤三郎さん。
親不知観光ホテル代表・尾崎毅さん。
白馬岳蓮華温泉ロッジ代表・田原伸男さん。

そして、このたびの本書発刊にあたり、第三部の取材・執筆をしてくださった吉田智彦さん、ご苦労をおかけした山と溪谷社の山岳図書出版部・吉野さん、その他、さまざま関わってくださった大勢のみなさま、本当に、本当にありがとうございました。

最後になりましたが、小野健さんと栂海新道、そして数え切れないその仲間や関係者たちを陰に日向にずっと長い間支えてこられた、奥様の小野紀久子さんはじめご家族のみなさまには、心からの感謝を申し上げます。本当にありがとうございました。

小野先生、高い空の上から見守っていてくださいね。アルプスと海をつなぐ悠久の道**「栂海新道」**と、そこを歩く登山者のみなさんの姿を。ずっとずっと。

二〇二四年一月吉日　糸魚川市青海にて

犬ヶ岳をバックに除雪作業終了時にオノケンさんと

栂海新道維持整備管理団体

・さわがに山岳会（一九六六〜二〇〇七年）
・ベニズワイ山岳会（一九八四年〜）
・カタクリクラブ（一九八九〜二〇二四年）
・栂海岳友会（二〇二〇年〜）

登山道整備協力団体

・共栄電工株式会社（一九九〇〜二〇一七年）
・ドンガラ山の会（一九九三〜二〇二一年）
・栂海山遊同人（二〇一〇年〜）

小野 健（おの・けん）

一九三二年、福島県いわき市生まれ。早稲田大学第一理工学部鉱山学科卒業。工学博士。一九六一年にさわがに山岳会を結成し、一九六二年から一九七一年まで十年をかけて栂海新道を開拓。第十二回山溪山岳賞、第一回「山と溪谷」山岳環境賞、第九回NHK地域放送文化賞受賞。二〇〇六年より糸魚川市文化協会会長に就任。著書に『山族野郎の青春』（山と溪谷社）、『栂海新道その自然』（さわがに山岳会）、『栂海新道ものがたり　その自然と人々』（考古堂書店）、処女作を復刻した『栂海新道を拓く　夢の縦走路にかけた青春』（山と溪谷社）など。二〇一四年三月、八十一歳で逝去。

吉田智彦（よしだ・ともひこ）

一九六九年、東京都生まれ。北米の極北を流れる大河をカヤックで延べ四千㌔以上下る。また、チベットのカイラス山や日本の熊野古道など、延べ三千㌔を超える国内外の巡礼路を踏破。川下りやトレッキングを通じて自然と人間のあり方を考えるようになり、エッセイ、ノンフィクションや写真、絵を発表。現在は、福井県の山村で半自給自足の暮らしを実践。生態系を重視しながら災害に強い森づくりにも取り組んでいる。福井かひる山風土舎代表。著書に『熊野古道巡礼』（東方出版）、『信念　東浦奈良男　一万日連続登山への挑戦』『山小屋クライシス』（ともに山と溪谷社）など。本書・第三部を執筆。

本書は、二〇一〇年に小社より刊行された山溪叢書五『栂海新道を拓く　夢の縦走路にかけた青春』から第一部「山族野郎の青春」と第二部「それからの栂海新道」を収録、第三部「栂海新道を守り続ける人々」を書き下ろし、文庫化したものです。

カバー写真　吉田智彦
口絵・本文中写真　小野 健
カバーデザイン　飯髙 勉（iitakadesign）
本文フォーマットデザイン　岡本一宣デザイン事務所
本文ＤＴＰ・地図作製　千秋社
編集　吉野徳生（山と溪谷社）
協力　糸魚川市フォッサマグナミュージアム
糸魚川市役所青海事務所
清水ゆかり（朝日小屋）　＊順不同

アルプスと海をつなぐ栂海新道
夢の縦走路を拓き、守り続ける人々

二〇二四年三月十七日　初版第一刷発行

著　者　小野 健、吉田智彦
発行人　川崎深雪
発行所　株式会社山と溪谷社
郵便番号　一〇一―〇〇五一
東京都千代田区神田神保町一丁目一〇五番地
https://www.yamakei.co.jp/
■乱丁・落丁、及び内容に関するお問合せ先
山と溪谷社自動応答サービス　電話〇三―六七四四―一九〇〇
受付時間／十一時～十六時（土日、祝日を除く）
メールもご利用ください。
【乱丁・落丁】service@yamakei.co.jp　【内容】info@yamakei.co.jp
■書店・取次様からのご注文先
山と溪谷社受注センター　電話〇四八―四五八―三四五五
ファックス〇四八―四二一―〇五一三
■書店・取次様からのご注文以外のお問合せ先
eigyo@yamakei.co.jp

印刷・製本　大日本印刷株式会社

＊定価はカバーに表示してあります

Printed in Japan　ISBN 978-4-635-04949-8

ヤマケイ文庫の山の本